新潮新書

石原壮一郎
ISHIHARA Souichirou

失礼な一言

998

新潮社

失礼な一言＊目次

1 日常生活の失礼

年賀状の失礼に立ち向かう 8
飲食店での恥ずかしい所業 14
花粉症にまつわるムズムズ 20
ペットをめぐる意識の断絶 26
お金という油断大敵な魔物 32
会社の飲み会における無礼 38
「ルッキズム」のトリセツ 44

2 言葉をめぐる失礼

LINEで評判を落とす方法 52
敬語という便利で怖い道具 58
慣用句の「正解」って何？ 64
電話は失礼な通信手段か？ 70
メールで評価を落とす方法 76
フェイスブックという魔窟 82
日常会話にひそむ落とし穴 88

3　属性にまつわる失礼
年齢という多種多様な地雷　96
さわらぬ学歴に祟りなし!?　102
ハーフを悩ます失礼の洪水　108
ハーフの本音とマスク生活　114
田舎vs都会の不毛なバトル　120
「老害」という厄介な落とし穴　126
カミングアウトとアウティング　132
二丁目に行って聞いてみた　138
在日コリアンに抱く罪悪感　144
在日コリアン三世の戸惑い　150

4　ライフスタイルへの失礼
他人の仕事を見下してくる　158
子育てへの口出しは愚挙か　164
家族の悪口という暴発装置　170
結婚の話題という危険地帯　176
「嫁」をイビりたい人たち　182
離婚した人を傷つける禁句　188
本当はこわい冠婚葬祭の掟　194
人様の「好き」を否定する　200

5　根源的な失礼

「失礼」の古典を読み返す　208
被害者の〝落ち度〟を探す　214
善意にひそむ凶暴な破壊力　220
昭和の頃はＯＫだった狼藉　226
その「礼儀正しさ」は不快　232
反射的に批判するという病　238
失礼被害を最小限に抑える　244
失礼な発言の源流をたどる　250

画　ニャロメロン
初出　週刊新潮２０２１年12月30日・２０２２年１月６日号～２０２２年10月20日号

1 日常生活の失礼

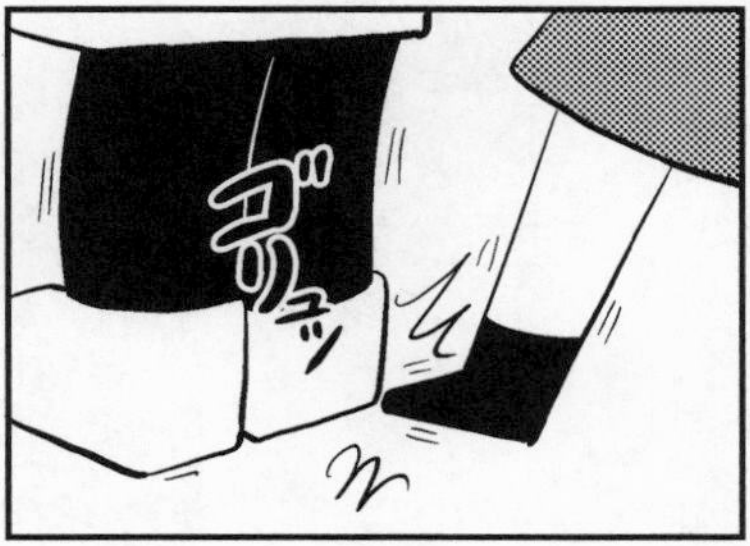

年賀状の失礼に立ち向かう

世の中には、そして自分自身の中にも、多種多様な「失礼」が存在しています。うっかり失礼の加害者にならないためには、どうすればいいのか。次々と迫りくる失礼の被害を最小限に抑えるには、どんなノウハウや心がけが必要なのか。そんなことを考えるために、失礼は承知で「失礼研究所」を個人的に設立いたしました。

当研究所では「じつはこれは失礼な行為である」「厳密にはこれも失礼に当たる」などと、重箱の隅をつついて「失礼」を作り出そうとしているわけではありません。失礼の基本は押さえつつも、自分と周囲が日々を平和に穏やかに過ごすために、失礼とどう付き合っていけばいいかを考えていく所存です。

さっそく、研究成果の発表と参りましょう。最初のテーマは「年賀状」。

近年は立ち位置が激しく変化しています。かつて年賀状を出すのは、基本「礼儀正しいこと」でした。しかし今は、「年賀状を出したいから住所を教えて」と尋ねたら、相手によっては「個人情報を聞いてくるなんて、失礼な人だな」と思われかねません。

相手が上司や元上司でも、もはや「年賀状を出すほうが珍しい」と言っていいでしょう。「あいつは年賀状もよこさない」と怒っている人がいるとしたら、それは怒るほうが失礼です。これまでハガキだったのが、いきなり一斉メールで新年の挨拶が送られてきても、おおらかに受け止めたいところ。「こういうのも新鮮でいいね」ぐらいのことを書いた返信で、器のでかさを見せつけたような気になりましょう。

メダカや赤とんぼと同じで、急激に減っているからこそ、目にしたときの喜びが大きいという一面もあります。年賀状でつながっている人間関係もあるし、SNSにはない楽しさや力を持っているのは確か。大切な文化を守る意味も込めつつ、やりとりを楽しいと感じられる限りは、これからも出し続けたいものです。

年賀状の「失礼」

ただ、もしかしたらこれまで、知らないまま失礼な年賀状を出していて、受け取った相手に新年早々「やれやれ」と思われていた可能性も無きにしも非ず。せっかく崇高な使命感も覚えながら出すのに、そんな事態になっていたら残念過ぎます。

年賀状に関するトラディショナルな「失礼」のうち、見過ごされがちなものを挙げてみましょう。

〈目上の人に「賀正」「迎春」など二文字の賀詞《がし》は失礼。「謹賀新年」「恭賀新年」など四文字が望ましい〉

〈仕事関係などあらたまった間柄の相手には、縦書きで宛名を書く〉

〈「終わる」「苦しむ」「倒れる」などの忌み言葉を使わない。「去」という縁起が悪い字が入る「去年」ではなく、「昨年」や「旧年」に〉

とはいえ、これらはどちらかというと出す側の「美学」の問題で、もらった側としてはスルーするのが「礼儀正しい態度」と言えるでしょう。

さらに細かい話としては、〈裏面の添え書きには句読点を使わない（人間関係の区切りを連想させるため）〉〈住所の番地などは漢数字で書く（マンションの部屋番号は算用数字も可）〉なんてのもあります。

こだわりたい人にとっては「こだわるのもまた楽し」でしょうけど、他人にそれを期待したり、「こいつ、こんなことも知らないのか」とバカにしたりするのはお門違い。そっちのほうがよっぽど失礼です。

「喪中」がらみも、なかなか複雑。喪中ハガキをくれた人にうっかり出してしまうのは、まあ失礼と言えば失礼ですけど、焦ってお詫びの連絡を入れるほどではありません。「当事者が出すのを控えればいいだけ、こちらから送るのはかまわない」という説もあります。ただ、出すにしても「祝」「慶」といったおめでたい字を使うのは避けたいもの。それは失礼というより無神経ですね。

喪中ハガキをくれた人には、年が明けて1月8日以降に、寒中見舞いでお悔やみを述べるのが丁寧な対応とされています。そこまでやる人はあまりいないので、あえて出して自分を印象付けるのも一興かも。ちなみに寒中見舞いは、立春の前日までに着くように送るとされています。

喪中ハガキが送られてこなかった場合は、普通に出したとしても気にする必要はありません。あとで不幸を知って、「教えてくれないから年賀状を出しちゃったじゃないか！」と怒るのは単なる言いがかりです。

元カレの名字で…

生の声も大事ということで、個人のSNSで呼びかけて、「年賀状でやらかした失礼&受けた失礼」の体験談を寄せてもらいました。

〈同じ人に2枚出してしまった（同じ人から2枚届いた）〉

誰しも覚えがあるかも。これはまあ、お互いに笑って済ませたいですね。

〈友達からあわてた様子で電話があり『ゴメン！　間違えてあなたの元カレの名字で年賀状を送っちゃった』と言われた〉

この方は既婚者ですが、元カレの名字と今の名字が似ているとか。元日の朝、郵便屋さんの到着を待ち構えて問題の一枚を素早く抜き取り、事なきを得たそうです。

〈亡くなった旦那さんの名前で、3年続けて年賀状を出していた〉

ある年、奥様から来た年賀状にお叱りのご指摘が書いてあり、あわてて電話で平謝りしたとか。住所印刷ソフトの落とし穴ですね。

〈名前の漢字が間違っていて、それを年賀状で指摘しても、また翌年、間違った字で年賀状が届いた〉

これも同様の落とし穴。「あとで直そう」と思ったら、たぶんまた間違えたままで出してしまうでしょう。

〈会社の先輩から毎年、子どもだけが写った写真年賀状が届く。家族写真ならまだいいんだけど〉

正直、よその子にそこまで興味はありません。どんな気持ちで見ていいかわからないし、休み明けには何かコメントしないと悪いし……。

〈学生時代の同級生男子が年賀状に『今度離婚します。理由は妻の浮気です』と書いてきた。しかし離婚はせず、その後も15年以上、家族写真の年賀状が届く。浮気を高らかに宣言された奥さんが気の毒です〉

怒りに任せて書いたんでしょうけど、余計な情報を知らされた側はいい迷惑です。夫婦に会うときには、どんな顔をすればいいのやら。

世に失礼の種は尽きまじ。罪の重い軽いはありますが、どの失礼も「『どうすればいいの……』と、相手を微妙な気持ちにさせる」という共通点がありそうです。

失礼はある意味、する側とされる側の共同作業。失礼な年賀状をもらっても、笑ってしまえば失礼は生まれません。新年の家族団欒のネタやささやかな娯楽を提供してもらえて、むしろありがたい限りです。

相手の落ち度や価値観のズレにいちいち腹を立てるのは、いわば失礼に対する敗北。多少の失礼は適当に投げ飛ばして、日常の平和を守りましょう。

飲食店での恥ずかしい所業

食事をしたり酒を飲んだりというシチュエーションは、人間を油断させるのでしょうか。今日も飲食店には、多種多様な失礼が渦巻いています。店側がやらかす失礼もありますが、ここでは「客としての失礼」について考えてみましょう。

「失礼」と「恥ずかしい」は紙一重。とくに飲食店においては、視点が違うだけでほぼ同じです。たとえば、「ライス大盛り無料」の定食屋で、大盛りを頼んでおいてライスを残すのは、店に対して極めて失礼。同時に、人として極めて恥ずかしい所業です。

「えっ、それの何が失礼で、何が恥ずかしいのかわからない」

そう思った方は、ここから先をお読みになっても、不愉快になるだけかもしれません。今後も自分しか目に入っていない世界で、まわりへの迷惑やまわりからの冷笑を気にせず、強気に生きていってください。

「金を払うんだから、食べようが残そうが客の勝手だろ」

と思っている方も同様です。どれだけ意を尽くして説明しても、納得してもらえる気がしません。

そういう人からすると、いちいち「これって失礼かな」「これは恥ずかしいかも」と気になってしまう私たちは、気の毒に見えるのでしょうか。いや、そういう人は、自分と違う感覚の人が存在しているなんて、きっと想像したことすらないでしょうね。

「気になってしまう側」の私たちは、「気にならない側」をうらやむ必要はまったくありません。「失礼かな」「恥ずかしいかも」というセンサーを持ち合わせていることは、飲食店でたくさんの気持ちよさを味わうための必須条件です。

まったく気にせず飲食店を利用した場合、味わえるのはせいぜい「お金を払う側になった気持ちよさ」ぐらい。店からも、表面的なおもてなししか受けられないでしょう。

しかし「失礼」や「恥ずかしい」を気にすることで、食事なりお茶なり酒なりを存分に楽しむことができます。美しくスマートに振る舞えた満足感を味わえるし、錯覚かもしれませんが、店の人に心のこもった歓待を受けた気にもなれるでしょう。

それは、高級な店でも気軽な店でも同じ。「いい客」を目指すことは、店への迎合ではなく、自分が最大限に得をするための近道です。

「客としての失礼」には、大きく分けてふたつあります。それは「店や店員に対する失礼」と「同行者に対する失礼」。同行者への失礼に気を付けるのも、飲食店で気持ちよさを味わう上で重要な要素です。

「おい、生中」

当研究所が地道に収集した大量の失礼事例&恥ずかしい事例から、とくに気を付けたいものをそれぞれ10ずつ厳選してみました。両方に重なるものもありますね。

〈店や店員に対する失礼〉

・「おい、生中《なまちゅう》」などぞんざいな言い方で注文したり、「ここふいて」など横柄な態度を取ったりする
・「何名様ですか」と聞かれたときに無言で指で示す&メニューを無言で指差してオーダーする
・ラーメンなど熱いうちがおいしい料理なのに、いつまでも写真を撮り続けて、なかなか食べない
・あとひと口なのに残す（なぜそこでもうひと頑張りができない！）
・食べ終わったお皿を勝手に重ねる（油があっちこっちに付いたりして、むしろ洗いづ

らくなる場合も）
・店員にしつこく話しかける（とくに若い女性店員に対しておじさんがやらかしがち）
・居酒屋なのに飲み物を頼まない＆喫茶店やカフェでケーキだけ頼む
・お店のルールに従わない（マスクや検温、子連れの可否など）
・たいして親しくもないのに、家賃や人件費や料理の原価率やコロナ禍の頃の苦労など踏み込んだ質問をする
・聞かれてもいないのにあれこれアドバイスする（とくに味付け）

〈同行者に対する失礼〉

・友人や同僚に連れてきてもらった店で、メニューや味や内装やスタッフの対応に不満を述べる
・食べながら「あの店の〇〇はおいしかった」など、同じジャンルの別の店をホメる
・目の前のメニューや食材に関するウンチクを得意げに延々と述べる
・壁の大量のサイン色紙やトイレに飾ってある標語の類を冷たい口調で批判する
・大皿料理の具材を個々の取り分を考えずに自分の皿に取り分ける（エビチリのエビ、舟盛りの大トロなど）

・自分の馴染みの店で、ことさら常連面したり同行者にはわからない話題で店主と盛り上がったりする
・匂いの強い香水をたっぷりつけてくる（体臭や口臭がキツイのも困るが、それはまた話が別）
・店や店員のちょっとした不手際に対して、不機嫌になったり文句を言ったりする（聞いている側が不愉快なので、ちょっとしたことはスルーするか笑い話にしてほしい）
・同行者の食べ方について、断定口調で「それはマナー違反」とダメ出しをする（やかましいわ！）
・同行者に食べ方のマナーをやんわり指摘されたときに、怒りだしたりムキになって反論したりする（器が小さいと言うか何と言うか……）

残念な勘違いにご注意を！

この手の話題になると、とくに身に覚えがある場合、「こういう場合はどうなんだ！」と特殊なケースを持ち出してきて、強い口調で反論してくる人がいます。自分を批判された気になるのかもしれません。

もちろんケースバイケースだし、結局は個人的な好みと価値観に基づいた事例であるのは、重々承知しております。「なるほど」と思うものがあれば参考にしてもらって、納得できないものは読み流してください。「正解」を押し付けたいわけではなく、うっかりやってしまいそうな事例をご紹介してみました。

こうして並べると浮かび上がってきますが、飲食店での「失礼」や「恥ずかしい」を生み出す原動力になっているのは、「店よりも客のほうが偉い（だから何でも許される）」という残念な勘違いと、「スキあらばマウンティングしたい（自分のすごさを示したい）」という根深くて切ない欲望。そして「当たり前の気遣いの欠如」でしょうか。

いわゆる「食事のマナー」や「お酒のマナー」のような話も山ほどあります。しかし、飲食店でもっとも大切なマナーは、「みんなが気持ちよく食べる（飲む）」こと。その究極の目標に比べたら、マナーの決まり事なんて些細な話です。そもそもその手のマナーは、究極の目標を実現するための道具に過ぎません。

飲食店は日常のオアシスでありワクワクする晴れ舞台。勘違いや欲望の落とし穴に気を付けて、その魅力を大いに満喫しましょう。

花粉症にまつわるムズムズ

花粉症の話題は、誰とどう話しても微妙にムズムズします。当事者同士の場合も、当事者と花粉症じゃない人の場合も、どこにどんな失礼のアレルゲンが潜んでいるかわかりません。

ここ数年は、新型コロナウイルス（とくにオミクロン株）という要素がからんできて、さらにややこしくなりました。花粉症もオミクロン株も、鼻水やクシャミといった症状は共通しています。

だからといって、鼻をグスグスさせている同僚に面と向かって、

「おいおい、コロナじゃないのか」

なんて乱暴なことを言う人は、たぶんいません。ただ、心の中で反射的に不安を抱いてしまう人は、ある程度はいそうです。

以前なら、鼻をグスグスさせていても、暗黙のうちに「ご覧のとおり花粉症なんです」「あっ、花粉症なんだな」という阿吽《あうん》のやり取りで済みました。しかし、反射的に

不安を抱く人がいるかもしれないとなると、それなりの対応を考えたいところ。鼻をかんだあとなどに、

「いやあ、この季節は毎年こうなんですよね。鼻もですけど、目もかゆくて目薬が手放せないんですよ」

そんな説明をすることで、安心してもらいましょう。目のかゆみはコロナにはない、花粉症ならではの特徴のひとつです。

だからといって、鼻をグスグスさせている人に対して、

「目はかゆいの?」

と尋ねるのは失礼。遠回しに「コロナじゃないよね」と確認していることになります。このところは、マスクも「無理にしなくてもいい」ということになって、さらに話がややこしくなりました。ヘンに「弁解」したくなる場面もありそうです。

いや、花粉症で苦しんでいる側が、さらに周囲への気遣いを求められるのは理不尽だ、という考え方もあるでしょう。しかし、気遣いは、押し付けられる余分な負担ではありません。自分が楽に生きていくために、積極的に駆使していく便利な道具です。

自分にとって不愉快な心配をされていると感じたときに、相手の失礼さに腹を立てた

ところで何も解決しません。気遣いという攻撃を繰り出して「一枚上手《うわて》」になってしまうことが、心の平和を守る近道です。

威張りたがりから陰謀論まで

日本で花粉症に悩んでいる人は、一説によると5人に2人。都市部だと2人に1人という調査結果もあります。日本では1960年代にブタクサ花粉症が〝発見〟され、1980年代から「花粉症」という言葉が一般的になりました。

どれだけメジャーでも、経験していない人には、当事者の苦しみはわかりません。命に関わるわけではないからか、深い溝を感じる言葉を投げかけられる場面も。

当研究所が集めた、花粉症ではない人から花粉症の人への失礼な言い草を挙げてみましょう。

「最近の若いヤツらは自然に触れてないから、免疫力が弱いんだよ」
→自分は運よく花粉症ではないだけなのに、優越感を抱いて威張りたがる人がいます。「気合いが足りないんだ」と言ってしまう人も。器の小ささが窺える残念な所業です。
「えっ、そんなに遠くの病院で診てもらってるの⁉　花粉症でしょ。そこまでする必要ある？」

↓当人は、そこまでする必要があって、試行錯誤の末にその方法を選んでいます。他人から気安く否定されたら、さぞ腹が立つでしょう。

「最近は○○っていう治療法があるらしいよ、□□を食べるといいらしいよ（△△っていう薬があるらしいよ、どこそこの病院がいいらしいよ）。試してみたら？」

↓たいていの場合、当事者はそんなことは百も承知です。花粉症に限りませんが、聞きかじった程度の話を元にした治療法のアドバイスは、大きなお世話でしかありません。

「もしかして、甘いものや脂っこいものが好きだったりする？」

↓そういうものを食べ過ぎると症状が重くなる、という説が広まってはいます。ただ、本当のところはわかりません。少なくとも「あなたの行動に問題がある」と言いたげな問いかけは、極めて不遜です。

「花粉症っていうのはね、じつは花粉が原因じゃないんだよ。政府がひそかに……マスコミではけっして報じないんだけど……」

↓陰謀論にはまるのは勝手ですが、苦しんでいる人にそれを得意げに話す無神経さには、気付いてもらいたいものです。そんなことだから信じてしまうんでしょうけど。

そのほか「うつさないでね」と言われて、怒るよりも呆れたという報告もありました。言うまでもなく、花粉症はうつりません。

陰謀論パターンと同類なのが、ナチュラリスト方面の方々からのユニークなアドバイスや解説。どちらの場合も「ああ、そういう人だったんだ」と線を引けるし、聞き流している分には面白いんですけど。

花粉症の人同士でも…

花粉症の当事者同士だからといって、気持ちが通じ合って、やさしさに満ちた交流が生まれるとは限りません。今日もあちこちで、マウンティング合戦が繰り広げられています。たとえばこんな調子で。

「2、3年前から？　俺なんて30年前からだぜ」（謎のベテラン度マウンティング）

「ああ、薬でなんとなくなら、まだいいわよ。私なんてレーザーで焼いてもらっちゃった」（謎の重症度マウンティング）

「鼻水は鼻をかめばいいけど、涙はホントに邪魔くさいんだよね」（謎の症状別マウンティング）

などなど、スキあらば「自分のほうがたいへん」「自分の花粉症のほうが格が上」と言いたがる人は、しばしば見かけます。いずれも、威張る理由はよくわかりません。

ただ、憤るほどのことではないかも。「同病相憐れむ」の気持ちがベースにあるので、しつこく畳みかけられでもしない限り、大らかに受け止められるでしょう。

当事者同士の場合、細かいことで引っ掛かっているより、積極的に情報交換するほうが大事です。

「新発売の××のティッシュはいいよね。えっ、知らないの？」

たとえばこの手の失礼な言い方をされて、いちいち不快感を顔に出していたら、やがて教えてもらえるものも教えてもらえなくなります。

「相手に不快な思いをさせないようにしよう」と気をつけることは大切ですが、自分が受けた失礼に対しては、さほど敏感になる必要はありません。他山の石にはするとしても、鈍くふんわり受け止めるのが、失礼との賢明な付き合い方です。

花粉も鈍感に受け止めて華麗にスルーしたいところですが、そっちのほうが手ごわいですね……。

ペットをめぐる意識の断絶

ペットが好きな人とそれほど好きじゃない人とのあいだには、厄介な意識の断絶があります。「ペットは大切な家族」という言葉ひとつとっても、前者にとっては常識中の常識ですが、後者には（頭では理解できたとしても感覚としては）いまひとつピンと来ません。

日頃は意識の断絶から目をそらして、お互いに「相手の立場」を尊重しようと心がけています。ただ、ふとした拍子に失礼な状況が生じると、感情をダイレクトに揺さぶる話題だけに、怒りや憎しみも勢いよく増大してしまいがち。

ペット好きの側なり、そうじゃない側なり、片方の肩を持ってもう片方を「ヤツらはこんなに失礼だ！」と批判したほうが、たぶん読む人の動物的な感情を刺激できるでしょう。しかし、自分の側の正義を振りかざして溜飲を下げるだけでは、なおさら断絶を深めるばかりです。

「失礼じゃない人」を目指す旅は楽ではありません。思い当たる節をつかれる痛みに耐えつつ、失礼の本質と向き合っていきましょう。

犬や猫の飼い主同士は、相手が飼っているペット名をつけて「〇〇ちゃんママ」「〇〇ちゃんパパ」と呼び合ったり、ペットのことを「ウチの子」と言ったりします。ペットと縁が薄い側から見ると、けっこう違和感がある風習。しかし、誰も「ヘンな呼び方するんだね」なんて怖くて失礼なことは言いません。

「ペットが我が子のようにかわいいんだな。微笑ましいな」

そんなふうに温かい目で見るべしと、自分に言い聞かせています。

いっぽう、ペットを飼っている側は、さっきの「犬や猫の飼い主」という表現にカチンと来たかもしれません。内心「せめてワンちゃんネコちゃんだろ!」と思ったとしても、ほとんどの人は「それはペット好きの身勝手な感情」だとわかっています。面と向かって「あなたの犬(猫)」と呼ばれても、悪意がない限り「犬(猫)って言うな」と文句をつけたりはしないでしょう。

人間と同様の気遣いを

世の中は、ペットとの距離感が違う者同士が、お互いに気を遣いながら平和な均衡を保っています。しかし、失礼の落とし穴はどこに潜んでいるかわかりません。とくに気をつけたいのが、かわいがっていたペットが「虹の橋をわたった」ばかりの友人知人を前にした場面です。

それこそ意識の断絶があるので、慰めようとして何の悪気もなく、

「また新しいワンちゃん（ネコちゃん）を飼えばいいじゃない」

と言ってしまうケースが少なくありません。あちこちで「絶対に言ってはいけないセリフ」の代表例に挙げられているのに、口にする人はまだまだいます。

愛しいペットを亡くしたショックが激しくて「会社を休みたい」と上司に連絡したら、

「ペットが死んだくらいでなに言ってんだ！」

と一喝されたという話もしばしば聞きます。言われた側は、その上司を一生許さないでしょう。

「(別のペットがいる場合) まだ○○ちゃんがいるからいいじゃない」

「それだけ長生きしたら十分だよ」

これらもペットに馴染みが薄いと、よかれと思って言ってしまいがち。間違いなく、飼い主の神経を逆なでします。人間が亡くなったときに言わないセリフは、ペットの場

合も言わないようにしましょう。

そのほか、死因や死に際の様子を詳しく尋ねるのも、人間の場合と同様に控えたいもの。辛いことを思い出させることになります。治療費の話題も、相手が言い出さない限りタブー。うっかり「もったいない」なんて言ってしまったら取り返しがつきません。

「こういう治療法があったのに」は問題外です。

いっぽうで、ペットに思い入れのない他人にまで「家族の一員としての扱い」を求めるのはどうなのか、という意見はあるかもしれません。「知ったことか」と言いたくなる人もいるでしょう。

しかし、実際に悲しい思いをしている人を前にして、「自分には関係ない」と言い張るのは、失礼以前の身勝手でワガママな態度です。病気やケガの人に「たいへんだね」とやさしい言葉をかけるのと同じで、辛い状態にある人の気持ちは汲み取ってあげたいもの。それが人と人との付き合いです。

ペットを亡くした友人知人には、たとえば、こんな言葉をかけてあげるのがオススメ。

「○○ちゃんも、きっとあなたと過ごせて幸せだったと思うよ」

「あなたが大好きだったから、これからもそばにいて見守ってくれるんじゃないかな」

「寂しいよね。私でよかったら、いつでも話を聞かせて」
3つ目はさておき、ほかの2つは何の根拠もありません。大切なのは「少しでも楽な気持ちになってもらうこと」と「慰めたいと思っている人間がここにいると伝えること」なので、そこは大丈夫です。

どうでもいいペット話を延々と…

ペットがそれほど好きじゃない側に対する失礼も、多々あります。こちらは「赤ちゃんがいる人がやりがちな失礼」と似ているかも。自分にはかわいい存在でも、当然ですが他人の感じ方は違います。

・ペットのどうでもいい写真や動画を延々と見せる&ペットのどうでもいいエピソードを延々と話す
・犬や猫が苦手な人もいると想像することを忘れて、ペットとのコミュニケーションを強要する

このあたりが代表的なパターンでしょうか。前者は、ある程度は「お互い様」ですが、自制心を失う飼い主もいます。世の中には、ペットに対するネガティブな視線が存在す

ることを忘れないのが、飼い主のたしなみと言えるでしょう。

ペットの飼い主同士でも、最近は「店で購入したか保護施設から引き取ったか」が問題にされるなど、ややこしい対立が存在します。品種やルックスや躾《しつけ》の行き届き具合など、伝統的なマウンティング合戦もなくなりそうにありません。「みんな違ってみんないい」の精神で、失礼の誘惑を果敢に蹴散らしたいところ。

あるいは、「最近の猫は一生家の中でかわいそうだ」「犬に服を着せるなんてくだらない」など、違う時代の価値観に基づいた失礼な決めつけをしたがる人もいます。議論しても無駄なので、「かわいそうな人」というレッテルを貼りつつ心の中で軽蔑して、ムカつきを抑えましょう。

人間界の失礼合戦は、今日も盛んに繰り広げられています。ペットたちは、そんな様子を見て笑っているに違いありません。なんて、勝手に擬人化されても迷惑ですね。

お金という油断大敵な魔物

「あいつは金に細かい」

このセリフを口にするのは、自分自身が「金に細かい」人です。使われるのは、借りたお金を約束の期限になっても返さなくて、相手に催促されたとか、割り勘の端数を（気前よく払ってくれずに）きっちり計算されたといった場面。

いずれも、相手には何の非もありません。ただの逆恨みです。しかし、本人の中では「損した」という認識なのでしょう。仮に、そういう人に「細かいのはお前だよ」と指摘しても、すぐ「あ、そっか」と気づく人は少なそうです。

お金がからむと、人は身勝手な思考に陥りがち。イラストレーターや漫画家やカメラマンがよくこぼしているのが、友人や知人からタダで絵や写真を頼まれるという状況の悩ましさ。もちろん、相手との関係性によっては、結婚式のウェルカムボードを喜んでタダで描いたり、家族写真を楽しくタダで撮ったりするケースも多々あるでしょう。

しかし、当たり前のようにタダ前提で頼んでくるのは、たいてい薄い関係の友人です。

適当な理由を付けて断わると「水臭い」と怒られ、意を決して「タダはちょっと」と言うと、それこそ「金に細かい」「友達なのにガメツイ」などと非難してくるとか。

専門家の技術や知識をタダで利用しようとするのは、店の商品を「友達だからタダでよこせ」と言っているのと同じです。同級生の外科医に手術してもらって、「友達のよしみでタダにしてくれ」と言う人はいないでしょう。

いわゆるクリエイティブな仕事に対して、世間は「遊んでるみたいなもの」と考えがち。「ダメモトで頼んでみて、あわよくばタダで」というセコくて図々しい発想の人もいます。しかし、頼まれたほうは「やるべきか断わるべきか……」と激しく葛藤し、多大なエネルギーを使わなければなりません。

どんな業種や状況でも、タダを期待した「ダメモト」は、失礼で迷惑な頼み方だと認識しましょう。

おごり方、おごられ方

ちょっと話がそれた気がしますが、お金という魔物の油断ならなさと、「専門家にタダでものを頼むこと」への積年の怒りを感じ取ってもらえたら幸いです。

お金がらみの失礼といえば、身近なのは「おごる、おごられる」の問題。よかれと思って食事やお酒をおごっても、感謝されるどころか「なんだこの人」とガッカリされたり、おごられたときの反応で「大丈夫かなこいつ」と心配されたりといったケースは、とてもよくあります。

当研究所が集めた実例から、まずは「おごる側」がうっかりやりがちな失礼をあげてみましょう。

〈第三者に「あいつ、おごってやったのにお礼もロクに言わない」など、反応への不満を漏らす〉

↓失礼というか、器の小ささを露呈するみっともない態度。おごって「いい気持ち」になった時点で、ギブアンドテイクは完結しています。

〈店を出たあとで「意外に高かったな」と金額に文句を言う〉

↓おごられたほうは、念入りに恐縮したり感謝したりしなければならなくなります。

〈「これだけおごったんだから、わかってるよね」と見返りを求める〉

↓下心系の場合も接待系の場合も、それを言っちゃあおしまい。せっかくの出費が逆効果になります。

スマートで恩着せがましくないおごり方をマスターするのは、大人のたしなみであり目標。そして、いつか言ってみたいのが、

「俺も上司や先輩にさんざんおごってもらったからな。お前もいつか部下や後輩におごってやってくれ」

というセリフ。「恩送り」の考え方ですね。ただ、まずはおごらないと言えないのがネックです。

おごり方以上に難しいのが、おごられ方。続いて「おごられる側」がやりがちな失礼をあげてみます。

〈おごられる前提ではあるけど、おごられるのが当然という顔をする〉

↓会計のときに、いちおう財布を出す素振りや、「い、いいんですか?」といったひと言は必須です。

〈目上の相手がおごってくれようとしているのに、『いえいえ、割り勘で』と頑なに拒否する〉

↓よっぽど「こいつにおごられたら絶対ひどい目に遭う」という状況じゃない限り、「ま、いい気持ちにさせてやるか」ぐらいのつもりで、ありがたくおごられましょう。

〈おごってもらっておいて、料理の味や店の雰囲気に文句を言う〉

↓論外です。料理や店は無理してでもホメましょう。おごってくれた側から「マズかったね」と水を向けられても、同意してはいけません。

店を出たあとの「ごちそうさまでした」だけでなく、相手が上司や先輩なら翌日会社であらためてお礼を言うなど、おごられる側が守るべき当然のお作法は多々あります。「そんな面倒な思いをするなら、おごってもらわなくていい」と言いたくなるかもしれません。しかし、それは浅はか。ご承知の方はご承知のとおり、面倒を乗り越えたところに、コミュニケーションの楽しさや人間関係の醍醐味があります。そして「当然のお作法」の多くは、自分の株を簡単に上げてくれる便利な手段でもあります。

大らかに受け流そう

お金という魔物に支配されている人がやりがちなのが、「人の年収を詮索する」という行為。

興味深いのはわかりますが、何のために知りたいのか。自分よりも多かったら嫉妬心を抱いて相手を憎みたくなるし、少なかったら優越感を抱いて相手を見下すでしょう。

どちらにせよ、最大級の失礼です。

しかし、聞きたがる人は「隠す必要なんてないじゃないか」と身勝手な欲望を正当化するばかりで、自分の中の卑しい了見には気づきません。自分のほうが多いとわかっていて、自慢のきっかけとして聞いてきたり、人に聞いておいて自分は言わなかったりといった悪質なケースも報告されています。

必然性もなく聞かれた場合は、

「どうして知りたいの?」

と尋ね返して撃退しましょう。場の空気が悪くなるのは避けたい場面なら、唐突な関西弁で「ぜんぜんあきまへんわ」と曖昧に返したり、「希望としては1億円かな」と煙に巻いたりする手もあります。

お金という魔物と、平常心で穏便に付き合うのは容易ではありません。強引に抑えつけると見栄っ張りに見えるし、下手に出るとケチ臭さが漂います。厄介なヤツという前提で、お金がらみの失礼に遭遇したときには、大らかな気持ちで流すことも大切かもしれませんね。

会社の飲み会における無礼

会社の飲み会で「今日は無礼講だから」と言われたからといって、どんな無礼も許されると思う人は、世の中にひとりもいません。

逆に、令和のこの時代に「今日は無礼講だから」と堂々と言えるのは、間違いなく鈍感で尊大な困ったタイプの上司です。きっと「無礼講と言っているのに持ち上げてくれる部下が好き」なのでしょう。

万が一、いまだに言っている上司がいたら、「そういう人なんだな」とわからせてもらったことに感謝しつつ、上司の若い頃のスケール小さめな武勇伝を聞いて驚いておくなど、適度な「無礼講感」を醸し出してあげましょう。その程度のサービスはお互い様です。

「だから会社の飲み会は嫌なんだ。気を遣って疲れるばかりで何のメリットもない！」と思っている人も多そうです。心の底から大嫌いで尊敬できないメンバーしかいないなら、飲み会に付き合う必要はありません（そもそも、その会社にいる意味を考え直したほうがいいかも)。

しかし、飲み会を有効に活用すれば、周囲との距離が縮まって、結果的に仕事を円滑に進められたり、人間関係のストレスを最小限に抑えたりといったメリットを享受できます。しかも極めて効率よく。

「そんなわけあるか!」と納得できない方がいるのも、よくわかります。そういう方は、周囲に気を遣わせていることに無自覚なまま、ご自身も必要以上に緊張感を抱きながら日々をお過ごしください。

「会社の飲み会も捨てたもんじゃない」という前提に立ちつつ、失礼な言動で株を下げないための注意点や、ちょっとした気配りで株を上げる方法を考えてみましょう。

飲み会の「タブー」5選

「俺の酒が飲めないってのか」
「さあさあ、女性陣は部長の隣に」
「おい若手、なんか芸を見せろ」

見事にアルハラ・セクハラ・パワハラな発言です。昨今、こういうことを言う人は、

「無礼講だから」と言う人以上の勢いで姿を消しました。もしいたら、レッドリストに登録したいくらいです。

しかし、酔っ払って説教を始める上司や先輩は、なかなか絶滅しません。酒の席での説教は何の役にも立たず、ただうっとうしいだけ。距離を縮める場なのに、逆に距離を広げてしまうのは、相手にも飲み会にも失礼と言えるでしょう。

「ビールを注ぐときはラベルが見えるように」「乾杯のグラスの位置は目上の人より少し下で」といった細かい〝お作法〟は、知っているなら実行したほうがオトクです。簡単にできて、周囲に「わかってるな」と思ってもらえるんですから、こんなちょろい話はありません。

もちろん、「バカバカしい」と背を向けるのも自由です。ただし「その程度の気遣いができない（知らない）残念なヤツ」というレッテルを貼られるリスクは承知しておきましょう。

たまに「それは違うよ」と指摘してくれる親切な上司や先輩もいます。無知がバレた恥ずかしさを埋め合わせるために、指摘してくれた人や「マナー」に怒りを抱くのは、いささか幼稚な反応と言わざるを得ません。得意顔でネチネチと指摘してくるタイプもいますが、そのうっとうしさにウンザリするのは、また別の話です。

いわゆる「マナー本」ではあまり触れられていないけれど、とくに会社の飲み会でやってしまうとたちまち株を下げる「5つのタブー」を挙げてみましょう。

その1「料理の味や盛り付け、店の雰囲気にケチをつける」

↓「ものがわかっているオレ」をアピールしているつもりかもしれませんが、聞かされて楽しい話ではありません。何より幹事に失礼です。

その2「そこにいない同僚や上司の悪口を言う」

↓話を振られた側も反応に困るし、しかも「私は話題が貧困です」と言っているようなものです。

その3「店の人に横柄な態度を取ったり命令口調で話したりする」

↓あなたが上司の立場でも部下の立場でも、周囲は「そういうところ」をしっかり見て、心の中でシビアな評価を下しています。

その4「エライ人にはお酒を注ぎに行くが、両隣の人は無視する」

↓「○○さんに注がなきゃ」と思っていっぱいいっぱいになる気持ちはわかりますが、同じテーブルや近くの席の人にも気を配りましょう。

その5「プライベートな領域にずかずかと踏み込む」

↓せっかくの機会なのでプライベートな話を聞くのはいいとしても、あくまで趣味や家の近所の様子など、無難な話題を選びたいもの。結婚、出産など、デリケートな話題は避けましょう。「話したくなさそうな気配」を感じたら、素早く話題を変えるのが大人の引き際力です。

ギクシャクして当たり前

いっぽう「これをやると株が上がる」のは、次の3つ。

その1「幹事に感謝やねぎらいの言葉をかける」
その2「帰り際に店の人に『ごちそうさまでした』とお礼を言う」
その3「話しかけられたら全力で話題を広げる努力をする」

1と2は、株が上がるとかそういうこと以前の当たり前の行為です。ただ、実際にはできない人が少なくありません。それだけにたったひと言で、周囲は「おっ、なかなかやるな」と感心してくれます。

3は、じつは会社の飲み会における「もっとも大切な心得」と言っても過言ではありません。逆に「話題を広げようとしない」のは、さっきの「5つのタブー」とは別格の「最上級のタブーであり失礼」です。

話を広げるのが上手か下手かは関係ありません。目の前なり横なりにいる上司や同僚は、あなたと話をしようとして、たとえばお酒を注ぎながら、ちょっと唐突な話題を振ってくれています。及ばずながら力を合わせて会話を続けましょう。

聞かれたことに「はい」「いいえ」としか答えなかったら、つまらなくて何も得るものがない時間になるのは当然です。まして自分の手抜きを棚に上げて、SNSに文句を書き込んだりするのは、あまりにも傲慢な所業に他なりません。

とはいえ、そもそもが年代も違えば趣味が合うわけでもない人たちが集まって飲むわけですから、ギクシャクもするし、言葉尻に「カチン」と来ることもあるでしょう。本当の意味で仲良くなるのは困難ですが、「何となく仲良くなれた気分」になれたら、それで十分です。

本当に許せない言動はもちろん別ですが、会社の飲み会というのは、やる意味も含めて、大らかな気持ちで適当に立ち向かうのが、もっとも楽ちんで得るものも多いと言えるでしょう。

「ルッキズム」のトリセツ

久しぶりに会った親戚の大学生の女の子に、「〇〇ちゃん、すっかりきれいになったね」と言ったり、親戚の高校生の男の子に「おお、イケメンになったね。お父さんとは大違いだ」と言ったり……。

帰省した実家などでは、定番のやり取りです。しかし、昨今「ルッキズム(外見至上主義)」という言葉が広まる中で、この手の軽口は言いづらい雰囲気になりました。「ルッキズム」とは、人を外見だけで評価したり、容姿を理由に差別的な扱いをしたりすること。それはよくないという考え方には、迷わず賛同します。

たとえば大学生の女の子に姉がいたとしても、「お姉ちゃんより美人だね」なんてことは絶対に言いません。容姿をホメながら「このルックスなら前途洋々だね」と持ち上げるのも、かなり失礼です。

冒頭のやり取りが本当に問題なのかどうかは、よくわかりません。よくわからないまま、何となく「言わないほうがいいかな」と判断しがち。その結果、窮屈な思いをさせられた気になって、「ルッキズム」という言葉や考え方への不信感が芽生えてしまいます。いや、言いがかりなのはわかっているんですけど。「ルッキズム」という言葉は、人によってイメージや解釈に違いがあります。気に食わない対象を攻撃する武器として、拡大解釈されて都合よく使われ過ぎている気配も無きにしも非ず。

素直に「ルッキズムはケシカラン、世の中から一掃すべし！」と言えたら楽なんですけど、多くの人はそこまで単純でも図々しくもありません。「やっぱり美人（イケメン）が好き」といった自分の本音との葛藤にもさいなまれます。

誤解や偏見にまみれて、いささか迷走気味な「ルッキズム」。どうとらえて、どう活用すればいいのか。振り回されないためのトリセツを考えてみましょう。

美女・美男図鑑

まずは、このところ話題になった「ルッキズム事件簿」から。

近畿大学が受験生向けに発行している冊子「近大グラフィティ」には、例年「近大美女図鑑」「近大美男図鑑」という人気ページがあります。２０２２年4月、近畿大学教職員組合が、「品性を疑う…」とツイッターで批判。それをきっかけにネット上やメディアで、「ルッキズムだ」と批判の声が上がりました。

翌5月には、日本維新の会の石井章議員が、参院選への出馬を予定していた新人女性候補の事務所開きで、こう言って批判を受けます。

「女性5人が出るが年齢はいちばん若く、顔で選んでくれれば1番を取るのは決まっている」

その後、発言を撤回。顔が取り柄のような印象が広まったせいかどうか、この候補は落選でした。言った石井議員は再選しています。

毎年7月開催の愛知県一宮市「一宮七夕まつり」では、恒例の「ミス七夕・ミス織物」コンテストが、2022年から廃止されました。近年は全国各地で、自治体のお祭りや大学の学園祭でのミスコンが次々と廃止されています。2021年、上智大学のソフィア祭で行なわれた「ソフィアンズコンテスト」では、顔を出さないファイナリストが初めて誕生しました。

近大の「美女・美男図鑑」は、どう考えるか意見が分かれるところ。出る本人は承知の上だし、競争して「美女」「美男」を選んだわけではありません。適当に誌面を彩るための定番ネタとも取れます。

いちいち「ケシカランセンサー」を働かせるより、「へえー、美女・美男図鑑かあ。キャンパスで会えたら楽しいなあ」ぐらいのノンキな受け止め方ではいけないんでしょうか。意識は低いですけど、そのほうが人生は気楽になりそうです。

石井議員の「顔で選んでくれれば」は、リップサービスのつもりだったんでしょうけど、言われた女性候補も居合わせた人たちも「困ったオヤジだな」と思ったことでしょう。かなり悪趣味な発言です。しかし、苦笑いしつつお互いの「ダメさ」を許容することも、心穏やかに生きる上では大切な極意かも。

ミスコンも「ルックスという能力が秀でた人」にとっては、自己実現のチャンスです。出たい人が出て、やりたい人がやる分には、どうぞご自由にでいいのに……なんて言ったら、怒られるんでしょうか。ただ、多くの人が「これは問題があるかも」と感じてしまう時点で、無邪気に楽しめる企画ではなくなっていますね。

自分の内なる「ルッキズム」に敏感になることは、きっと大事です。しかし、「ルッキズムをどんどん糾弾すれば、誰もがのびのびと生きられるようになり、今とは大違いのいい世の中になる」とは言えないかもしれません。

やっぱり美人は…

深刻な「ルッキズム」の典型例は、たとえば会社で、その人の職能や努力を見ようとせず、外見だけで判断すること。仕事を頑張っている女性が、周囲の男性や女性に、「やっぱり美人は得だよね」

「美人なんだからそんなに一生懸命にやらなくていいよ」

なんて言われたら、さぞ腹立たしいでしょう。美人に該当しないタイプの人が、外見が問われる職種じゃないのに、理不尽にチャンスを奪われるケースも少なくありません。

また、とくに女性が「美人じゃないこと」「スリムじゃないこと」に、根深いコンプレックスを抱かされがちという現状もあります。

自分が外見にこだわってしまうことについて、「なるほど。世の中に蔓延するルッキズムの呪いか」と気づくことで、少しは楽になるかも。それは「ルッキズム」という言葉がもたらす大きな効能です。

男性の「ハゲ」「デブ」「チビ」も、だいたい同じ構図。「ルッキズム」の呪縛を憎むことが、気持ちの変化につながるでしょう。

余談ですが、相手が美人にせよ該当しないタイプにせよ、とりあえず外見を持ち上げておけば喜んでもらえると考えるのは、それぞれの意味で失礼です(個人的にも大いに反省し、気をつける所存です)。

いっぽうで、美人やイケメンを見てトキメキや潤いを感じることに、疑問や罪悪感を覚える必要はまったくありません。恋愛において「好みの顔」や「多くの人がグッとくる顔」があるのも当たり前です。

「こう思ってしまうのはルッキズム的によくないのではないか……」と建前に縛られるのは、危険な生真面目さ。タチの悪い宗教にはまった人のように、自分の本音にフタをして聞こえのいい〝教義〟に従っても、けっして「いい自分」にはなれません。しょせんは「今、流行っている正しさ」です。ほかの「〜イズム」も同じですね。

シンプルな字面なのに、見かけによらず一筋縄ではいかな……ん、これも外見による決めつけかな?

2 言葉をめぐる失礼

ＬＩＮＥで評判を落とす方法

世の中には、いろんな「似たり寄ったり」があります。些細なことを「失礼だ！」と声高に責めるのも、人から「それは失礼だよ」と指摘されて「大きなお世話だ！」と逆上するのも、失礼という点では似たり寄ったり。当失礼研究所は、そんな前提に立ちつつ、自分も相手も心地よい境地を目指し続けています。

本項のテーマは、便利だけどちょっと怖い「ＬＩＮＥ」。国内の利用者数は約９３００万人。最近ではビジネスの場面でも、欠かせない通信手段となりつつあります。しかし、誕生してまだ10年ちょっとで、明確なマナーは確立していません。

それだけに今日もあちこちで、意外な失礼や戸惑いを生み出しています。今現在、ビジネスシーンでＬＩＮＥを使う場合に「それをやったら自分の評判を落とす」とされていることを挙げてみましょう。

●何時でもお構いなしに送る

送る側は「忘れないうちに」のつもりでも、深夜に上司から仕事のＬＩＮＥが届くのは、部下にとっては恐怖です。「電話をかけてもいい時間帯」を目安にしましょう。

●長文で込み入った内容を送る

LINEは、長文が必要な話には不向き。大事な資料を送るのも避けましょう。タイトルがないので、あとで探しづらくて不便だし、相手の考え方によっては「セキュリティ意識が低い」と思われます。

●おちゃらけたスタンプを送る

かつては「ビジネスシーンでスタンプはタブー」とされていましたが、最近では「真面目なスタンプならOK」という認識が一般的。ただし、スタンプの連投はやめたほうがいいでしょう。

●誰だかわからない登録名にする

仕事の緊迫した連絡が「ピヨちゃん」みたいな登録名で届いたら、ちょっとイラッとします。狙い過ぎたプロフィール（「さすらいの吟遊詩人」みたいなの）も、失礼というより自分が恥ずかしいかも。

●最初に定型の挨拶を書く

LINEでは「いつもお世話になっております」などの挨拶は不要とするのが主流。

前置きが長いと、スマホの通知に文章の最初がチラッと表示されたとき、いちいち開かないと内容がわかりません。開いて既読にしてしまうと「早めに返信しなきゃ」というプレッシャーを覚えることになり、忙しいタイミングだとけっこう迷惑です。

「おじさんLINE」問題

ただ、このあたりは業界や年代によって、感覚が大きく異なります。相手が「あれ?」と思う使い方をしてきたからといって、いちいち「失礼だなあ」と腹を立てるのは不毛。それこそ自分の基準で人を断罪する失礼な行為です。「この人はこう使うんだな」とゆるく受け止めましょう。LINEを平和に使う上でもっとも大切なのは、寛容の精神です。

さっきの「最初に挨拶~」にも関係する「既読スルー」の問題も、送った側が神経質になり過ぎるほうが失礼。相手が読んですぐに返信できる状況とは限りません。しばらくたっても反応がないからといって「おーい、返事まだ」などと催促すると、間違いなく相手をムッとさせます。全力でこらえましょう。

いっぽうで、日程のすり合わせなどの連絡を長く放置しておくのは、失礼であり迷惑。

こっちの都合がわからないと相手が困ります。

LINEがらみの失礼を考える上で外せないのが、数年前から話題の「おじさんLINE」の問題。おじさんが若い女性に送るLINEには、なぜか共通点があり、それが失笑（憎悪？）の対象になっています。たとえば、こんな調子。

〈おはよう☀😊　ゆうこチャンは、もう起きたカナ？　おじさんは今日も仕事です(ノД`)ｼｸｼｸ…

寒いから、ゆうこチャンとしっぽり♨にでも行きたいナ❤　ナンチャッテ（^_^;　じゃあね～（｡◕‿◕｡）／〉

若い女性のあいだでは、同性の友達とこの手の文面をやり取りして笑い合う「おじさんLINEごっこ」という遊びがあるとか。

「笑いものにするなんて失礼だ！」と、身に覚えのある方はご立腹なさっているかもしれません。それはあまりにも図々しい憤り。失礼なのは、親しくもない相手に馴れ馴れしいLINEを送る側です。

「おじさんLINE」が批判されるのは、そこに不愉快な失礼が凝縮しているから。読みづらいだけの絵文字や顔文字の多用&不自然なカタカナの混ざり具合、返事のしようがない一方通行の言いっ放し、距離感を無視した下心の押し出しっぷりなど、あまりにも自分本位。たぶん「若い女性にＬＩＮＥを送る」という時点で、すっかり舞い上がって、タガが外れてしまうのでしょう。恐ろしいことです。

うっかりやらかさないように肝に銘じるのはもちろん、どういう相手にどんなＬＩＮＥを送るにせよ、相手を不快にさせない配慮は欠かせません。「おじさんＬＩＮＥ」を反面教師にさせてもらいましょう。

一線を見極めて

ＳＮＳで呼びかけて「ＬＩＮＥでやらかした失礼&受けた失礼」の実例を寄せてもらいました。

〈ダンナに送ったつもりの甘えた口調のＬＩＮＥ（「〜でちゅ」みたいなの）を、上司に送ってしまった。完全な誤爆。以来、ヤバい相手の背景を原色に設定して、間違った相手に送らないようにしています〉

うわー、こ、これはこっぱずかしい。内容が上司の悪口じゃなかったのは、不幸中の幸いですね。

〈専門職の勉強会のグループLINEで、OBの一部が「昔はよかった」的な思い出話や、個人的な遊びの相談で盛り上がっている。現役世代にとってはうっとうしいだけだし、せっかく入ってくれた若手がそんな様子にウンザリして（LINEのグループだけでなく）勉強会からも逃げていった〉

グループLINEあるあるですね。通知が鳴ってグループのスレッドを開いたら、個別のやり取りだったり満月の写真だったりすると、スマホを床に投げつけたくなります。

〈職場の趣味の集まりでおじ様たちとLINEでつながっています。丁寧な言葉遣いやおとなしいスタンプを心がけていたら「キミにはもっと可愛い猫のスタンプが似合うよ」「スタンプがそっけなくて寂しい」と文句をつけられて……。仕方ないので、おじ様用にラブリー猫ちゃんで敬語のスタンプを買いました〉

なんという災難。おじ様たちは軽い気持ちで言ったんでしょうけど、スタンプにあれこれ口出しされるのは、かなりウンザリですね。

便利で頼もしいLINEですが、危険な一面もたくさん持ち合わせています。「これをやったらマズイ」という一線を見極めて、その線を越えないようにお気を付けください。LINEだけに。

敬語という便利で怖い道具

ここでは「敬語」のほうをテーマにさせていただきたいと思いますが、よろしかったでしょうか。

と、いきなり「ダメな敬語」で始めてみました。

「させていただく」の乱用は、10年ほど前から「昨今の敬語の乱れ」を象徴する現象として、あちこちで批判を集めています。

「〜のほう」や「よろしかったでしょうか」も、嘆かれがちな「バイト敬語」で使われる言い回し。どちらかを選んでいるわけでもないのに「〜のほう」が付いたり、唐突に「かった」と過去形になったりします。こちらも「敬語の乱れ」を語る上では、外せない存在です。

冒頭のフレーズは〈ここでは「敬語」をテーマにいたします〉で、何の問題もありません。どんなテーマにするかは、こちらで決めればいいこと。「させていただきたいと思いますが、よろしかったでしょうか」と、読者にお伺いを立てる必要はありません。

そもそも、すでに書き始めている段階で尋ねても、意見を聞くことはできないし、まして内容に反映させるのは不可能です。丁寧な言い方だけど失礼に感じるのは、読者を立てているようで、腹の中では舌を出しているのが透けて見えるから。

たとえば、私が担当編集者に今後のテーマを相談する場面ならどうでしょう。「次回は『敬語』にさせていただこうと思っているのですが」と、許可を得るニュアンスで「させていただく」を使うのは、けっして間違いではありません。ただ、丁寧すぎてよそよそしいという問題はあります。きちんと敬語を使うことが〝正解〟とは限らないところが、敬語のややこしさですね。

ちなみに実際は、「次は敬語でどうでしょう」「あっ、いいですね」というやり取りでした。もし担当者が「そのように心づもりさせていただきます」と返したとしたら、その「させていただく」は不必要だし、しかも丁寧すぎて距離を置かれている感じがして、ひじょうにモヤモヤした気持ちになったでしょう。

「便利な道具」を使いこなそう

巷には「正しい敬語」を教えてくれる本が、大量にあふれています。それだけ敬語は複雑で難しく、使いこなせないことに悩む人が多いということでしょう。

たしかに、敬語をきちんと使えると、きちんとした人に見えます。商談で会社を訪ねてきた初対面の相手に、最初の挨拶で、

「いやあ、どうもどうも」

と言われたら、不安と警戒心を抱かずにいられません。ところが、

「ご多用中にもかかわらず、本日は貴重なお時間をいただき、ありがとうございます」

と挨拶されたら、しっかり話を聞かなければと背筋が伸びます。実り多い商談が始まる確率も、後者のほうがはるかに高いでしょう。

「敬語なんてどうでもいい。大切なのは中身だ」という意見もあります。ただ、そう言いたがる人は、往々にして肝心の中身もたいしたことありません(当研究所調べ)。

敬語自体は、しょせん言い回しの問題です。多くの場合は、心がこもっているわけではありません。しかし、敬語という「ちょっと覚えれば誰でもそこそこ使えるようになる便利な道具」を使おうとしない時点で、他人の気持ちや仕事を甘く見ている了見が窺えます。逆に、そんな便利な道具を使わないことで印象が悪くなるのは、ひじょうにもったいないと言えるでしょう。

失礼研究所として、ここでしっかり考えたいのが「自分の印象が悪くなる」と「相手への失礼に当たる」の違い。「失礼な敬語」は、世の中に山ほどあります。ただ、間違った敬語がすべて「失礼な敬語」というわけではありません。いっぽうで、きちんとした敬語でも「失礼な敬語」になることはあります。

さらに、「敬語の間違いにうるさいという失礼」も見逃せません。そうした「失礼」は、どこから生まれてくるのでしょうか。

間違った敬語でも…

冒頭の「させていただく」の乱用や「バイト敬語」が失礼な印象を与えるのは、決まり文句を使っておけばいいと思っている気配が感じられるから。こちらに許可を求める必要なんてないのに、「させていただければ」「させていただきたく」を連発されると、「念入りに丁寧に言っておかないとムッとされそうだから」と、こっちが凶暴な加害者予備軍にされているように感じます。

日常のやり取りで使われる「バイト敬語」も、何となく口にしているだけで、「ここはどういう言葉を使うのが適切か」と悩んだ気配が感じられません。ただ、ファミレスなどで遭遇する本家の「バイト敬語」は、店の方針で好むと好まざるとにかかわらず、使わされている場合がほとんど。店員さんもいわば被害者です。心の中で「たいへんだね」とねぎらってあげましょう。

敬語を使わないことや間違った敬語を失礼に感じるのは、必要と思われる努力や気配りがなくて、ナメられている気がするから。ガチガチに緊張した若者が、「は、はい、その件は父に伺っております」（身内に「伺う」を使うのは間違い）と言っても、失礼とは感じません。

いっぽう、きちんとした敬語でも失礼と感じるのは、こちらをバカにする意図が感じられるとき。どうでもいい話に、いちいち「おっしゃるとおりでございます」と相槌を打たれたら、けっこう不愉快です。

「自分は正しい敬語を身につけている」と自負している人がやりがちなのが、敬語の間違いをいちいち指摘するという失礼。もちろん、部下や後輩を指導する場合は、うるさく思われるのを承知で教えてあげる必要があります。しかし、相手に悪気がないことはわかっているのに、

「そういうときは『お酒はもうけっこうです』ではなく、『もう十分です』と断わるの

が正しいんだよ」

などと指摘するのは控えたいもの。親切で言っているつもりかもしれませんが、相手のためではなく自分がドヤ顔することが目的なのが見え見えで、かなり失礼です。

敬語が失礼につながるかどうかを分けるのは、どうやら「そこに敬意はあるのかい？」という点。たとえ本気ではなくても、相手へのいちおうの敬意があれば、敬語の使い方が多少間違っていても（相手が重箱の隅をつついて喜ぶタイプではない限り）失礼にはなりません。

ただ、敬語をマスターして適切に繰り出すことは、敬意をわかりやすく示す近道ではあります。便利な道具を正しく使わせていただいて、自分の評価を上げさせていただいたり、人間関係を円滑に保たさせていただいたりしましょう（←悪い例）。

慣用句の「正解」って何？

太郎「あの映画評論家の評価は、いつも的を得ているよな」
次郎「おいおい、的は射るもんだぜ。それを言うなら『的を射ている』だろ」
太郎「勘弁してくれよ。『的を得る』が間違ってるっていうのは間違いなんだぜ」
次郎「そ、そんなはずあるか！」

そして大ゲンカとなり、ふたりは縁を切ったのでありました……。

今この瞬間にも、日本のどこかでこういう悲劇が起きているかもしれません。ことほど左様に慣用句は、大きな危険をはらんでいます。

あなたは太郎と次郎、どちらに共感を覚えますか。失礼という点では、お互いに相手の「間違い」を得意げに指摘していて、まあ似たり寄ったり。言い分の妥当性という点では、「的を得るでも問題ない」と言っている太郎に、やや分があります。

「そ、そんなはずあるか！」と思った方も、きっと多いでしょう。数十年前から「的は射るもので得るものではない」という説が広く語られてきました。「日本語の乱れ」の話題では「間違った慣用句」の代表として、必ずやり玉にあげられたものです。

しかし、「的を得る」の「得る」は、「正鵠を得る」や「当を得る」と同じように「うまく捉える」の意味だと考えると、とくに矛盾はありません。２０１３年に発売された『三省堂国語辞典』第7版では、「的を得る」が採録されました。

発売当時、編集委員のひとりで言葉に関する著書も多い飯間浩明さんが、ツイッター上で〈「◆的を得る」は「的を射る」の誤り、と従来書いていたけれど、撤回し、おわび申し上げます。〉と謝罪。その上で、採録した理由を説明して話題になりました。いわれのない迫害を受けてきた「的を得る」は、めでたく名誉を回復したわけです。

もちろん、だからといって「的を得る」を認める気はないと言う人もいるでしょう。使う使わないも含めて、そこは個人の自由です。「慣用句」とは、習慣として使われてきた言葉のこと。「正しい」「間違っている」といったレッテルを貼るのは不毛だし、日本語の豊かさを体現してくれている慣用句に失礼です。

「本来の意味」はどっち?

だったら、どんな言葉をどう使ってもいいのか。

……とは言い切れないのが、言葉の難しいところです。言葉の役割は、言いたいことを相手に伝えること。ひいては、自分という人間をわかってもらうこと。使った言葉が違う意味で伝わったり、「そんなこと言うヤツだったのか」とマイナスの印象を持たれたりするのは、言葉の適切な使い方とは言えません。

慣用句の中には「本来の意味ではない意味」が定着しているものが、多くあります。そういう取り扱い注意の慣用句について、自分が「本来の意味」をどのぐらい把握しているかをチェックしてみましょう。

文化庁が毎年実施している「国語に関する世論調査」から、「本来の意味」を認識している人のほうが少ない慣用句を5つピックアップしました。あなたは、どちらが「正しい意味」だと思いますか。

【慣用句の「本来の意味」力検定】

問1「浮足立つ」

A. 喜びや期待を感じ、落ち着かずそわそわしている

B. 恐れや不安を感じ、落ち着かずそわそわしている

問2「憮然」

A．腹を立てている様子
B．失望してぼんやりとしている様子
問3「檄《げき》を飛ばす」
A．元気のない者に刺激を与えて活気付けること
B．自分の主張や考えを、広く人々に知らせて同意を求めること
問4「なし崩し」
A．なかったことにすること
B．少しずつ返していくこと
問5「ぞっとしない」
A．恐ろしくない
B．面白くない
（文化庁「国語に関する世論調査」平成28年度〜令和元年度より）

では正解……ではなく、「本来の意味」とされている選択肢の発表です。ジャカジャカジャカ〜♪

何を隠そう「本来の意味」とされているのは、5問ともBです。

「本来の意味ではない意味」であるAと答えた人が極端に多かったのは、問3の「檄を飛ばす」（A67・4％、B22・1％）と、問4の「なし崩し」（A65・6％、B19・5％）。トリプルスコア以上の差をつけて圧勝です。ほかの3つの慣用句も、ダブルスコア以上の差で「本来の意味」が劣勢でした。

5つとも「A」だと思った人は、それだけ世の中の流れに敏感と言えなくもありません。「こんなの簡単だよ。全部『B』に決まってるじゃない」と即座に思った人は、いわゆる「日本語力」が高いと言っていいでしょう。おめでとうございます。

「正しさ」に執着するほど…

これらに限らず「本来の意味」を認識している人が少ない慣用句を使う場合、自分は知っているからと言って、相手が違う意味で受け取る可能性を考慮しないのは、傲慢で失礼な姿勢です。まして「知らなくて勘違いするほうが悪い」と思っているとしたら、知識力はさておき、コミュニケーション力に関しては極めてお粗末と言えるでしょう。

どうやら慣用句は、「正しさ」を追求すればするほど、失礼がまとわりついてきます。失礼の魔の手から逃れるために全力で考えたいのは、相手や状況や話の流れを踏まえて、

「その慣用句を使うべきか、ほかの表現のほうがいいのか」
ということ。リスクのある慣用句を使う場合は、誤解されないためのひと言を入れる工夫も必要です。

「この御恩はなし崩しに、というのはつまり、少しずつ返します」

といった感じでしょうか。そこまで苦労して使う必要があるのかという疑問は当然浮かんできますが、使う言葉を選びに選ぶことで、表現力が鍛えられると信じましょう。

また、相手はどっちの意味でその慣用句を使っているのか、両方の可能性を考えるのも、大人としての懐の深さ。「本来の意味（あるいは勘違いしているかもしれない自分の認識）」でしか受け取ろうとしないのは、狭量で失礼な態度だし、無駄に誤解や軋轢《あつれき》を生じてしまいます。

言葉というのは、すべからく丁寧に使うべし、ですね。

※「すべからく」の「本来の意味」は「当然、是非とも」。しかし「すべて、皆」と認識している人もそこそこ多い。

電話は失礼な通信手段か？

早く電話したほうがいいと促すときに、「電話いそげ」と手あかにまみれたダジャレを言って相手を脱力させるのは、間違いなく失礼です。「電話にでんわ」も同じ。

それはさておき、昨今電話がらみの失礼で問題視されているのは、そんな牧歌的な話ではありません。グラハム・ベルが電話を発明（諸説あり）して、およそ150年。昭和40年代ぐらいから通信手段の王者として君臨してきた電話は、このところ冷たい目を向けられています。

「いきなり電話かけてくるなんて、どれだけ失礼な人なんだ」

「メールで済むのに電話って……。これだから昭和世代は」

よかれと思って電話したのに、相手が「電話否定派」だと、切ったあとでこんな罵詈雑言を吐かれているかもしれません。一部のビジネスパーソンのあいだでは、電話を毛嫌いすることが「デキる自分」をアピールする手段になっています。

メールやLINEが広く使われるようになって以来、電話の使用頻度は極端に減りました。公衆電話はもとより、「家電《いえでん》」も使ったことがない若者は当たり前のようにいます。社会人になって、会社の電話の取り方やかけ方がわからずに凍りついたり、固定電話恐怖症になったりする悲喜劇が多発しているとか。

ただ、電話でのやり取りも電話の存在意義も、なくなったわけではありません。社会人にとって「電話を失礼なく使えること」は、一人前の必須条件です。

微妙な立ち位置で揺れ動く電話（ＬＩＮＥ通話などネット回線を使った通話も含む）について、使う際の失礼と、あえて使うこと自体の失礼について考えてみましょう。さっそく始めます。電話いそ……失礼いたしました。

電話の失礼いろいろ

当研究所が収集した事例から、ビジネスシーンで電話を使う際のポイントをあげてみましょう。

連綿と伝えられている電話の基本的なお作法、たとえば「相手の声が小さくて聞きづらいときは『少々お電話が遠いようなので……』と回線のせいにする」「外線を取次ぐときは、居留守が使えるように、当人がいるかどうか曖昧にしたまま『少々お待ちください』と保留にする」などは、キリがないので省略します。

基本は押さえているつもりでも、どこにどんな落とし穴があるかわかりません。代表的な「うっかりやりがちな失礼」は次の5例。

「こっちの用事なので『かけ直します』と伝えたけど、相手が折り返してくれた。しかし、受けたときにそのまま普通に用件から話し始めた」

↓まずは「ああ、お電話いただいちゃってすみません！」と大げさに恐縮しましょう。それがないと、相手は「おいおい、親切にかけてやったのに」とムッとするかも。ただ、気遣いのつもりで「かけ直しましょうか」と申し出るのはやり過ぎ。お互いに面倒臭いだけです。

「謝罪の電話をくれたはいいけど、前置きや言い訳が長くて結局のところ何が言いたいのかわからない」

↓せっかくの謝罪が逆効果になりかねません。謝る場面以外でも、話す内容をあらかじめ整理し、まずは結論から伝えましょう。

「見えていないからと油断して、言葉は丁寧だけど椅子にふんぞり返って話したり、気のない『はい、はい』や力の抜けた『はあ、はあ』など、ぞんざいな相槌を打つ」

→電話を通した言葉は、思っている以上に感情を伝えてしまいます。電話をしながらペコペコお辞儀する姿を笑うのはお門違い。その姿は確実に相手に〝見えて〟います。

「相手が電話に出たときに、まず『もしもし』と言う」

→受けた相手が「はい、○○です」と名乗るのを待って、自分の社名や名前を名乗りましょう。ビジネスシーンで「もしもし」を使うのは、何かの不具合で相手の声が聞こえなくなって呼びかけるときだけです。

「たくさん数字が出てくる説明や、急ぎではない連絡を電話で伝える」

→電話否定派ならずとも、これをされると「メールにしてくれよ」と思います。自分は電話のほうが楽だからといって、相手に余計な手間を押しつけるのは慎みましょう。

プライベートなつながりでの電話は、相手との関係性や状況によって「失礼」も違ってきます。揺るぎなく迷惑で失礼なのは、仕事や失恋の愚痴を延々と、しかも何度も聞かせること。ある程度はお互い様ですが、物事には限度があります。

最初に「ちょっと聞いてもらっていい？」と言えば免罪されるわけではありません。いっぽうで、断わる勇気がないのを棚に上げて、相手を恨んだりよそで愚痴をこぼしたりするのも十分に失礼です。いや、電話に限った話ではないですね。

メラビアンの法則

電話が得意なのは「YES、NO以外のややこしいニュアンスを伝えること」や「お詫び、感謝、喜びといった〝気持ち〟を伝えること」。また「相手の意思や都合をすぐに確認できること」や「急ぎの連絡を確実に伝えられること」もあります。

メールやLINEを便利に使いこなしつつ、時には勇気を振り絞って「あえて電話」という技を繰り出しましょう。

たとえば、複雑な人間関係を踏まえて、お互いの思惑をやり取りしながら相談したいときは、電話で話したほうが話が早いし誤解も少なそうです。お礼の気持ちも、メールより電話で伝えたほうが喜ばれるケースは多いでしょう（形だけのお礼の場合はメール一択ですが）。

コミュニケーション界隈ではおなじみの「メラビアンの法則」によると、人が情報を得る際に影響を受けるのは、言語情報が7％、聴覚情報が38％、視覚情報が55％だとか。対面にはかないませんが、電話の実力もなかなかのものです。

電話を使う場面が減っている中で、「あえて電話」を選んだ際に不可欠なのは、必然性を伝えること。

「話が込み入っているので、電話のほうがいいかと思いまして」

「直接お礼を申し上げたくて」

「早めにお耳に入れておきたくて」

などなど。最初に「いきなりお電話してしまって申し訳ありません」と謝っておくことも大切です。必要に応じて、事前にメールなどで連絡して都合のいい時間を聞いたり、電話のあとで要点をまとめたメールを送ったりしてもいいでしょう。

このへんは、どうするのがベストかはケースバイケースです。その場その場の判断で、効果的で失礼がない、そして自分の株が上がりそうな使い方を探りたいところ。電話は回線がつながっていないときも、たくさんのことを伝えてくれます。

メールで評価を落とす方法

「パソコンのメールなんて、もはや時代遅れだろ」

と思っているとしたら、それは大きな心得違い。メールをきちんと使いこなせることは、今もなお一人前の社会人の必須条件です。

パソコンを使った「電子メール」が広まって、早20年以上。その後に携帯メールやLINEなど、よりお手軽に使える新顔の通信手段が次々と出現しました。その弊害なのか、とくに若い世代で、困ったメールの使い方をする人が増えています。

「イラッとする」「バカっぽく見える」という声が多数寄せられているのが、「短文でしか返してこない」という行為。たとえばミーティングの日時を相談しようと、ひととおりの説明をした上で、「○日×時はどうですか?」と尋ねたら、

「無理です」

と返ってくるといったケースです。都合が合わないのは仕方ありませんが、また別の日程を提案しなければなりません。尋ねた時点で「予定が入っているので、△日の午後

はいかがでしょう」などと返してくれたら、話は大きく前進するのに。

短文で返してしまうのは、おそらくLINEなどの流儀が染み付いているのでしょう。しかも、そういう人は「スピーディに返信するオレってデキるヤツ」ぐらいに思っていて、相手に余計な手間を押しつけていることに気づいていません。

今やメールは、さらにお手軽な通信手段が広まった影響で、「ちょっと丁寧な通信手段」になりました。短文でしか返してこないタイプは、誤字や変換ミスにも無頓着な傾向があります。スマホで返しているのだとしても、だからしょうがないという話ではありません。

通信手段の使い分けができずに相手をイラッとさせるのは、失礼である以上に、自分の評価を大きく落とす迂闊な行為。「えっ、そんなことぐらいで」と言いたくなるかもしれませんが、「そんなこと」すらできないのは、当たり前の想像力や注意力がない何よりの証明です。

こういうフレーズを目にしたら…

若い世代だけではありません。年代を問わず、必要な情報を全部書いてこなかったり、どう返事をしていいのかよくわからなかったりするメールを送ってくる人は、ちょくちょくいます。冷静な口調で「～ということですよね」と返信していますが、そのたびに少し残念な気持ちにならずにいられません。

いや、偉そうに言ってしまいましたが、きっとお互い様ですね。

「念のための確認ですが」

「私の理解力が乏しくて申し訳ないのですが」

返信のメールにこういうフレーズが書いてあったら、それは「よくわかんないよ。ちゃんと書け」という意味。私もたまに目にします。「しばしば書かれている」という方は、自分のメール文面を念入りに見直したほうがいいでしょう。

「件名はわかりやすく」「なるべく早く返信する」「適度に改行し、空白の行も入れる」といった〝無駄に評価を落とさないための常識〟は、十分にご承知かと存じます。

そのほか、慣れているからこそやらかしがちな「メールの落とし穴」の例をあげてみましょう。

「むやみに漢字が多い」

→変換機能がもたらす悲劇。「有難う御座います」「予てから」「宜しく御願い致します」

など、やたらと漢字を増やしても読みづらくて、しかも印象が悪くなるだけです。

「延々と『Re:』でやり取りする」
→目くじらを立てるほどではありませんが、話題が変わった段階でタイトルも変えて、新たなスタートを切りたいところ。適切にできると「気が利く人」と思われます。
「社内用語を平気で使っている」
→業界用語や馴染みのないカタカナ語も同じ。使う側は無意識かもしれませんが「無神経かつ、それを使うのがカッコいいと思っている残念な人」という印象を与えます。
「必要なときに、住所や連絡先が入った『署名』が省略されている」
→毎回署名を付ける必要はありません。ただ、資料や請求書を送れとか電話が欲しいという用件のメールなのに名前だけしか書いてないと、名刺を探したり過去のメールをたどったりする羽目になって、相手を恨む気持ちが湧いてきます。
「相手の名前を間違える」
→気をつけているつもりでも、ついやりがち。私も、たまに「石川様」と書かれたメールが届きます。それ自体は腹は立ちません。ただ、指摘するかどうか、どう指摘するか、激しく悩んで疲れます。

逆に、さっきの「私の理解力が乏しくて〜」の類の「大人なフレーズ」を華麗に使いこなすことで、印象や評価を一気によくすることができます。

「言葉が足りずに申し訳ありません」（こっちが送ったメールの内容を相手が誤解しているとき）

「まことに厚かましいお願いとは存じますが」（どうしてもOKしてほしい気持ちを伝えるとき）

こうしたフレーズを使いこなすことで、トラブルを防げたり仕事をスムーズに進められたりします。

「了解」はアリ？　ナシ？

メールに関係が深い問題として、避けて通れないのが「了解いたしました」の是非。

今、日本には次の3種類の人が生息しています。

①「目上の人に『了解いたしました』は失礼であり『承知いたしました』と書くべきだと思っている人」

②「目上の人にも『了解いたしました』で問題ないのはわかっているけど、失礼だと信

じている人が多いので使わないようにしている人」

③「目上の人に『了解いたしました』は失礼だとする考え方は大間違いなので、堂々と使う人」

偉大な先達の調査や研究のおかげで、今は〈目上の人にメールなどで「了解」と返すのが失礼とされるようになったのは最近であり、しかも根拠に乏しい〉という説が定着しています。しかし、いったん貼られた「失礼」のレッテルをはがすのは、なかなか容易ではありません。

相手が①の人である可能性を考えると、いくら信念に基づいていても、あえて「了解」を使うのはリスキーです。そこが言葉の難しさであり、失礼のややこしさ。③は勇敢で美しい生き方ですが、②の姿勢も非難されるいわれはありません。

いちばん失礼なのは、たまたまの刷り込みを根拠に「了解は失礼だ」と決めつけて、使った相手を無知扱いする人です。自分自身も別の話で似たことをしていないか、「了解の悲劇」を反面教師にして自分に問い続けましょう。「了解」への理不尽な迫害を止められなかった、せめてもの罪滅ぼしの気持ちを込めて。

フェイスブックという魔窟

昨今のフェイスブックは、すっかり「中高年の交流の場」となっています。さまざまなデータを見ても、10代20代30代の若者にとっては、極めてどうでもいいSNSになっていると言えるでしょう。

それはそれで仕方ありません。自分もそのひとりですが、同年代が多い居心地の良さを感じつつ、うわべの交流を楽しんでいるおじさんおばさんはたくさんいます。

いちおう分別があるとされる年代なんですけど、残念ながら失礼と無縁ではいられません。勢いがなくなって結果的に長く使い慣れている人が多くなった分、広まり始めた頃によく問題にされた無作法（勝手に写真にタグ付けする、知らない人に無言で友達リクエストを送る、「おはよう」とだけコメントするなど）への怒りの声は、あまり聞かれなくなりました。

ただ、見ていてハラハラしたりゲンナリしたりする失礼には、毎日のように遭遇します。数あるSNSの中で、フェイスブックの特徴は基本「実名」ということ。うっかり失礼を重ねると、「そういう人だったのか」とマイナスの印象を持たれて、リアルの人間関係やヘタすると仕事に悪影響を及ぼしかねません。

もちろん匿名なら失礼なことをしていいわけではなく、そっちはそっちで問題だらけです。ツイッターなどで匿名をいいことに罵詈雑言を撒き散らしている人は、何より自分自身に失礼だと言えるでしょう。そんなことをするために生まれてきたわけじゃないはずなのに。

読者の年代に馴染みが深く、問題を自覚しづらい上にリスクが大きいということで、ここではフェイスブックの失礼を考えてみましょう。やっていない方も、ぜひ目を通してみてください。ネット全般に共通する注意点は多そうです。

身に覚えがあったら…

唐突ですが**【フェイスブックでヒンシュクを買っているかもしれない度チェック】**です。次の10項目のうち、身に覚えがあることや同意するものはいくつありますか。

①誰かの投稿をシェアするときに、いちいち「シェアさせてください」とコメントする

②イベントやライブの告知に、わざわざ「残念ですが行けません」「遠すぎるよ〜」と

コメントする
③旅行の楽し気な投稿に、「長い休み（orお金）があっていいなあ」といった自虐コメントをする
④ほかの人のコメントを見ずに、同じことを尋ねたり指摘したりする
⑤本人がフェイスブック上で明かしていない情報（住んでいる場所など）に言及する
⑥ひどい目に遭ったときに、怒りをむき出しにして体験を投稿する
⑦政治的な話題の投稿に対して、賛成にせよ反対にせよ、やたら長くて熱い持論をコメントする
⑧自分が詳しいジャンルや業界の話題が出ると、べつに求められていないのに長々とコメントする
⑨愚痴や泣き言の投稿に対して、正論や理想論でお説教を始める
⑩フェイスブックの使い方にあれこれ言われるのは不愉快だ
〈当てはまる項目が8個以上〉ヒンシュク大魔王。「無自覚という幸せ」をぶち壊してすみません。

〈当てはまる項目が4～7個〉ヒンシュク大集合。日頃のリアルでの振る舞いは大丈夫

でしょうか?

〈当てはまる項目が1~3個〉たまにヒンシュク。まあ、このぐらいは「お互い様」の範囲です。

しばしば見かけるトホホな行為や、とくに中高年が陥りがちな落とし穴を並べてみました。「あれはダメ、これもダメ」と言いたいわけではありません。うっかり「みっともない人」にならないための参考にしていただけたら幸いです。

ざっと補足説明を。①は「シェアしました」という事後報告ならともかく、基本は「勝手にどうぞ」です。相手は返事を強要されて面倒臭いだけ。②も③も、書かれた側の気持ちになってみましょう。
④と⑤は、「そういうことは気にしたことない」という人は要注意。たぶん相手や周囲に「やれやれ」と思われています。⑥はマイナスの感情に巻き込まれていい迷惑だし、⑦~⑨は中高年にとっての甘い蜜。気を抜くと誘惑に溺れてしまいます。
⑩はごもっともですが、ソーシャルな場である以上、他人に不快感を与えないための配慮は欠かせません。
ほかにも、目にすると共感性羞恥(↑使ってみたかった言葉)を覚えてしまうのは、

こうした行為。

●どっかで拾った「心に響く話」や「大切な教え」を頻繁に投稿する

●今「標的」にされている人物や会社や商品を（事情を知らないまま尻馬に乗って）勇ましく罵倒する

●友達の投稿のコメント欄で、第三者と議論（≒ケンカ）を始める

そして、今までの例を吹き飛ばす勢いでケタ違いに残念なのは、差別意識を丸出しにした「ヘイトな投稿やコメント」です。実名で言っているということは、本人は悪いとも恥ずかしいとも思っていないのでしょう。そこに人間の闇やフェイスブックの怖さをひしひしと感じます。

流儀もそれぞれ

さんざん言っておいて何ですが、フェイスブックと楽しく平和に付き合う上で大切なのは、「それぞれの使い方の違いを大らかに受け入れること」に他なりません。いろいろ気をつけるのは、あくまで自分の美意識を貫くためです。

いつの頃からか、コメントに返信しようとすると、自動的に相手の名前が出る機能が

付きました。名前の後ろに「さん」や「さま」を書き足す人もいれば、それはやりすぎと判断して何もつけない人もいます（私です。しかも名前を削除しています）。しかし「つけないのは失礼」とか「つけるのはヘン」とか、批判し合う必要はありません。

同様に、いつからか「いいね！」以外にも、「超いいね！」「大切だね」「悲しいね」といった6種類のリアクションボタンが付きました。この機能の使い分けも、流儀は人それぞれ。入院報告や仕事で失敗した話の投稿にハートマークの「超いいね！」が付いても、どうかご立腹なさらず。たぶん相手は励ますつもりで押したのでしょう。

ことほど左様に、フェイスブックは暗黙の掟が渦巻く魔窟であり、実生活以上の気遣いが求められます。言ってみれば、規模は巨大ですけど、顔見知りが気が向くと立ち寄って会話を楽しむ〝行き付けの店〟みたいなもの。無神経な距離のつめ方や傍若無人な言動がヒンシュクを買うのは当たり前です。

お互いに年の功を発揮してぬるい場をぬるく保ちつつ、じゃれ合いや昔話を楽しみましょう。そんな加齢臭プンプンの空間、若者に人気がないのも当然ですね。

日常会話にひそむ落とし穴

「とりあえず、ひと安心だね」

かなり前、親しい友達がガンの手術を受けて退院したとき、考えた末にこう言いました。「完治」ではないから、きっと「治ってよかったね」とは言われたくないだろうし、「大丈夫？」も違うかなと思って選んだセリフです。

やがて再発の可能性が低くなった頃、彼はお酒を飲みながらポツリと言いました。

「前に俺が退院したとき『とりあえず、ひと安心だね』って言ってくれたじゃない。正直、ちょっと落ち込んだんだよね。まだまだ治療は続くんだなって思って。ごめん、完全に俺の考え過ぎなんだけどさ」

「そ、そうだったんだ。ごめん」

あわてて遅ればせながらのお詫びをしましたが、言葉の仕事をしているくせに、お恥ずかしい限りです。適切なのは「がんばったね」や「おつかれさま」ですね。

悪気なく発したひと言が相手を傷つけるケースは多々あります。ガンつながりだと別

の友人は、同僚に「検査で引っ掛かって、来月手術することになった」と告げたとき、

「どうしてなっちゃったの？」

と聞かれたとか。そんなこと本人だってわかるわけありません。

「ステージいくつ？」

「部位はどこ？」

こうした質問も投げかけられがち。3つとも心配の気持ちから発せられるとはいえ、かなり失礼で残酷です。そこそこ進行していたのに、「でも早期なんでしょ」と聞かれて言葉を失ったという事例も。

素人の浅知恵で講釈を垂れたりアドバイスしたりする人も後を絶ちません。誰よりも真剣に調べて深く考えた末の選択をしている本人としては、さぞ不愉快でしょう。まして怪しげな民間療法を「よかれと思って」勧めるのは、一種の暴力です。

リスキーな言葉

「日常会話」と言うには、重めの例をあげてしまいました。どうってことない会話でも、油断はできません。何気ない言葉にカチンと来たり、それをきっかけに相手を嫌いにな

ったりした経験は、誰にでもあるはず。落とし穴にははまらないように、「リスキーな言葉」のパターンをチェックしておきましょう。

その1【行き過ぎた謙虚さ】

手土産やお礼の品を渡されたときの「やだなあ。そんなの買ってこないでよ」。遠慮で言ったつもりでも、相手は「迷惑だったのかな」と不安を抱きそうです。

ランチのお店を相談している場面で、上司に「何がいい？」と尋ねられたときの「私は何でもいいです」。丸投げではなく、少なくとも考える姿勢は見せたいところ。

その2【うっとうしい親切心】

挨拶がわりに言う「顔色悪いけど大丈夫？」「ちゃんと寝てる？」。実際に相手がたいへんな状況だったとしても、本人は「私、そんなにみっともない顔してるかな」と落ち込んでしまうでしょう。

歯医者や美容院を薦めるときの「ここすごくいいから、絶対に行ったほうがいいって」。相手は押しつけがましさは感じても、行きたい気持ちにはなりません。

その3【危険なホメ言葉】

味の感想を伝えるときの「なかなか（まあまあ・普通に）おいしかったです」。上司に仕事を教わったときの「教え方が上手ですね」。いずれも、かなり偉そうに響きます。

仕事で成功した友人知人を称賛するときの「うまいことやったな」。「がんばったな」という意味でも、「ずるいことをした」と言っているように聞こえるでしょう。

その4【引っかかる相槌】

「はいはいはい」

「なるほどなるほど」

聞いていない印象や、バカにしている印象を与えます。「なるほどですね」も同様。

「ウソでしょー」

「えー、信じられない」

驚きの表現だとわかってはいても、心の中で「ホントだよ」と呟いています。

その5【不用意な言葉尻】

職業を聞いて「カフェをやってます」と返ってきたときの「へえー、カフェなんかやってるんですね」。運よくつかみかかられなかったとしても、相手は心の中で「悪かったな！」と激怒しています。

集まりに遠方から参加した人に対して「○○くんだりから来るのはたいへんだったよ

ね」。「くんだり」は漢字で書くと「下り」で、ド田舎というニュアンスがあります。

苦労を重ねて成功した人の経歴を話しているときの「あの人は、若いころは○○（職業名）までやって」。その職業に失礼です。

いずれのパターンも、いつの間にか癖になっていると、無意識で口から飛び出します。なんせ自覚がないので、あちこちで繰り返しがち。自分にこうした癖がないか、あらためて胸に手を当ててみましょう。


思い当たる節があったら…


ただ、この5パターンぐらいの失礼なら、深刻な事態を招くことはまずありません。言われた場合も、「悪気はないんだろうな」と思ってスルーできます。

怖いのは「よかれと思って」使った言葉が、こっちの無知や無神経さを露呈して、「この人には何を話しても無駄だな」と諦められてしまうこと。リスキーというか、封印したい5つの言葉をあげてみます。

「そこまで傷つくようなことじゃないんじゃないかな」

「つらいのはあなただけじゃないんだから」

↓いずれも慰めるときの言葉。だから我慢しろというのは酷です。

「普通はこうでしょ」

↓自分の中の「普通」を当然のように前提にすると、視野が狭い上に自己中心的な人に見えます。

「昔はこんなの何の問題もなかったのに、今はハラスメントだのなんだのって面倒な時代になったな」

↓中高年同士の世間話ならともかく、何らかの被害を受けて困っている人の前で言うのは最悪です。

「あれもダメこれもダメって言われたら、何も言えなくなるよ」

↓失礼だったり不適切だったりする言動を指摘されると、こう返す人は少なくありません。どう頑張ってもダメなことしか言えないのなら、何も言わないほうが世のため人のためです。

当研究所が失礼を研究するのは、口をふさいだり自由を阻害したりするためではありません。むしろより自由になってもらうためです。最後に挙げた言葉でイキがるのがカッコいいと思っている方にも、そのへんの意図が届きますように。

3 属性にまつわる失礼

年齢という多種多様な地雷

なろうなろう、明日は失礼じゃない人になろう。「それは失礼に当たるのである！」と鬼の首を取る快感を味わうためではなく、自覚なく誰かを不愉快にさせる言動を減らしたい――。当失礼研究所は、そのために日夜研究を重ねています。

続いてのテーマは「年齢」。これがまた、一筋縄ではいきません。とにかく「若さ」を持ち上げておけばいいと思ったら大間違い。

「そのお歳でちゃんとスマホを使えるなんて、すごいですね」

「Aちゃんって40代だったのか。そう見えないくらいかわいいね」

こうしたセリフは、言う側はホメているつもりでも、相手はムッとしているかもしれません。いや、きっとムッとしているでしょう。

「その歳なのに○○」という論法は、相手の年齢を「価値が低い」と侮辱していることになります。しかも「○歳にしては上出来」と限定した上での評価で、本当にホメたことになっていません。

逆に、年下に対して若さをホメる際にも、落とし穴はあります。取引先の男性若手社員に、

「えっ、30歳なの！　もっと若いかと思ってた」

と言った場合、相手は「仕事ができない」と遠回しに批判されたと受け止めるかも。「社会人としての貫禄がない」という意味にも取れます。ただし、実際に批判を込めている場合は、大人の配慮に満ちた親切なフレーズと言えるでしょう。

女性なら「もっと若いかと思ってた」を無条件で喜んでくれるはず、と思うのは単純すぎます。男性同様、未熟さを指摘されたと受け取られるかもしれません。また「若いと言っておけば喜ぶと思っている安易な了見」や「若い女の子を半人前扱いして優位に立った気になっている気配」を感じて、心の中で「このクソジジイ」と毒づかれている可能性も大いにあります。

ホメているつもりでも…

ＳＮＳで呼びかけて「年齢がらみでやらかした失礼&受けた失礼」の生の声を集めてみました。

〈息子を幼稚園に迎えに行ったとき、お友達が年配の男性といたので、「今日はおじいちゃんがお迎えなのね」と声をかけたら、強い口調で「お父さんだよ！」と。以来、その手の呼称で呼びかけるのはやめました〉

〈駅前の書店で息子に本を買ってやるたびに、店員さんが「おじいちゃんにご本買ってもらっていいね～」と言ってきます。遅くできた子どもなのでよく間違われるんですが、その店員さんが明らかに私より年配のジイさんで、なぜか腹が立ちます〉

〈30代後半の頃、美容院で20代の男の子がシャンプーを担当してくれて、「あなたの年齢で白髪が一本も見当たらないのは素晴らしいです！」と言われ、微妙な気持ちになりました。彼は本気でホメているのが、余計に悲しかったです〉

〈出版社に勤めています。20代向けの占いの本を作ったときに、90代の女性読者から「私の年齢が早見表に載ってないわよ」という苦情の電話をいただきました。監修の占い師さんのファンだったようです。電話口でスライディング土下座しました〉

失礼の落とし穴は、どこで待ち受けているかわかりません。逆に、嬉しかったこととして、50代の女性が寄せてくれたのがこのエピソード。

〈50歳の誕生日を迎えたとき、ちょっと先輩の女性に「とうとう大台です」と伝えたら、

「あら、おめでとう。ついに小娘卒業ね」と言われました。その深いお気遣い、ありがたかったです〉

こういうことがサラッと言える大人になりたいものです。ただ、50歳になった男性に「おめでとう。ついに若輩者卒業だね」と言っても、喜ばれる気がしません。うーん、難しいですね。

「エイジズム」とは

年齢をめぐる失礼は極めてデリケート。令和になって、さらに話をややこしくしているのが、「エイジズム」という言葉の出現です。

「エイジズム」とは、年齢に基づいた偏見や差別のこと。「老い」を「よくないこと」と決めつけて、実際より若く見られたがるのも、広い意味では「エイジズム」に含まれるようです。

それを言い出したら、ここまでの話はすべて「エイジズム」に支配された〝間違った感情〟ということになりかねません。「もう歳なんだから」と高齢者の意欲を抑えつけたり、女性の価値を若さだけで判断したりするのは、もちろん失礼千万です。自分の中にある呪縛も含めて、そうした決めつけはなくしたいところ。

しかし、この手の「賢そうに見える目新しい言葉」には、危険性や弊害もあります。覚えたのが嬉しいのか、正義の棍棒を振り回す快感に溺れている光景を見かけることもしばしば。

さっきの「ついに小娘卒業ね」という素敵なセリフも、エイジズム的に言えば批判できなくもありません。しかし、このやり取りは、私たちが住む社会の文化的な蓄積を背負いつつ、人の心の機微を丁寧にくみ取ったやさしさに満ちています。

「意識が高い人」と思われたくて、したり顔で「なるほど、よくないね」と言ってしまうのは、あまりにも安易。建前に振り回されると呪縛がどんどん増えていくし、何より素敵なセリフとそこで生まれた幸せな気持ちに対して失礼です。

こういうことを言うと「年齢差別をよしとするのか！」と責められそうですが、それもまた失礼な決めつけです。差別がよくないのは言わずもがな。ただ、自分たちのベースとなっている感覚を無視して、反論しづらい正義で人を責めるのは、とっても雑で乱暴な行為に見えます。

戦時中、母親は息子の出征を悲しむと「非国民」と責められるので、無理して「名誉なことで嬉しい」と言う必要がありました。現在の「エイジズム批判」の高まりの向こう側に、同じ構図が見え隠れするのは気のせいでしょうか。

いっぽう、新しい言葉が出現したことで、自覚していなかった偏見や誤解、あるいはそれに基づく失礼に気付けるありがたさもあります。「流行りの言説」に振り回される必要はありませんが、多くの人が「その言い方は失礼」と感じるなら、「そんなつもりじゃない」は通用しません。

40代の人に「今年は年女なの」と言われて、「へえー、36歳か（or 24歳か）」と返すお約束のジョークがあります。これも最近、お互いの心に「こういうネタで笑っていいのだろうか」という邪念が生まれがちで、使いづらくなりました。世知辛い話ですが仕方ありません。

自分の感覚も大事にしたいところですが、とくに軽口をたたく場合は、世の中の「流行りの言説」の影響も気にしないと、もたらされるはずのなごやかな雰囲気から遠ざかってしまいます。同時に言えるのが、自分の感覚も「流行りの言説」も、ぜんぜんアテにならないということ。心の中で、常に疑いの目を向け続けましょう。

年齢にせよ何にせよ、バランスの取れた付き合い方をしていきたいものです。

さわらぬ学歴に祟りなし!?

学歴の話題は、どの角度からどう触れても、失礼の宝庫です。たくさんの地雷があり、いつどんなきっかけで爆発するかわかりません。

「人間の値打ちは、学歴とは何の関係もない！」

当たり前すぎるほど当たり前の話ですが、わざわざ大きな声で言いたがる人ほど、学歴の呪縛に強く囚われています。そういう人に、

「なるほど、学歴コンプレックスを抱えているんですね」

と図星を突いたら、間違いなく「失礼な！」と激怒するでしょう。自分が先に、勝手に突っかかる失礼を働いたことは棚に上げて。

初対面でいきなり学歴を尋ねるのは失礼という認識は、十分に定着しています。同僚や知人について語るときに「しょせん○○大だから」「やっぱり高卒は」という言い方をしたら、よっぽど困った人たちの集まりでない限り、周囲から驚きと軽蔑の視線を浴びるでしょう。

いわゆる「高学歴」の人が、それを鼻にかけてそうじゃない人を見下すのは、ひじょうに明快でトホホな失礼です。逆に、世間の基準で自分より「高学歴」な人に対して、「いい大学出てるのに、こんなことも知らないの（できないの）」「いいよな、お前は。学歴があるから出世できて」or「あいつは学歴だけで出世した」などと言うのも、失礼かつ見苦しい態度。どちらのパターンも、やらないほうがいいことはみんなわかっているのに、我慢できなくてつい飛び出してしまいがちです。「自分は学歴なんて気にしていないから大丈夫」と思っている人だって、油断や慢心は禁物。学歴という恐ろしい魔物は、すべての人に「失礼な言動をさせるチャンス」を虎視眈々と狙っています。

「さすが○○大」、「どうせ○○大」

当研究所が独自の情報網で収集した、学歴にまつわる「うっかりやりがちな失礼」のうち、厳選した10例を挙げてみましょう。

・「私なんて、どうせ○○大だから（低学歴だから）」と自虐する（相手は「そんなことないよ」と慰めるしかなくて、ちょっと面倒）

・「〇〇大なんて、ぜんぜん高学歴じゃないですよ」と謙遜する（多くの場合、相手の学歴を間接的に貶めたことになる）

・「〇〇大といっても××学部ですから（付属上がりですから、推薦ですから）」と謙遜する（そんな細かい違いなんて誰も興味ない）

・出身大学を聞いて「へぇー、頭いいんだね」とホメる（言われた側は、そこに合格するために重ねた努力を無視された気になる）

・「〇〇大なんだ。すごいねー！」とホメる（そこが第一志望だったとは限らない。内心「滑り止めだったのに」と悔しく思う可能性も）

・仕事で成果を上げた人を「さすが〇〇大だね」とホメる（学歴のおかげでうまくいったわけではない）

・大卒の人が専門学校卒の人に「専門学校のほうがきちんと勉強しないといけないから、たいへんだよね」と敬意を示す（たぶん素直に受け取ってはもらえない）

・大勢いる場で、同じ学校の人と同窓生にしかわからないネタや共通の知人の話題で盛り上がる

・些細な言動を取り上げて「あの人って、学歴コンプレックスが強いよね」or「あの人

って、学歴を鼻にかけてるよね」と決めつける
・相手の言葉を悪い意味に受け止めて「学歴をバカにされた」と憤る
こうして並べてみると、学歴の話題の面倒臭さや危険性をあらためて痛感せずにはいられません。

日本では（日本だけではないかな）、多くの人が幼い頃から「いい大学に入る」という目標を持たされ、たいていの場合は挫折を味わっています。あるいは達成感を得て、それが大きな誇りになり過ぎている人もいます。就職や会社生活において、学歴で「潜在的な能力」を判断される、というか決めつけられるケースも少なくありません。

いくら建前を強調しても、学歴という呪いから本当の意味で自由になれる人は、いないと言っていいでしょう。大切なのは、呪いの滑稽さを自覚した上で、失礼をしでかさないように気を付けること。それは相手のためというより、醜態をさらしたり「残念な人」のレッテルを貼られたりしないための自己防衛です。

「学歴トーク」の対処法

誰もが学歴の呪いを受けている世の中では、自分がいくら気を付けていても、微妙な

状況に追い込まれることがあります。学歴で「失礼」な目に遭ったときには、どう対処すればいいのか。日常の平和を守るリアクションを考えておきましょう。

【ケース1】「いやあ、〇〇大卒にはかなわないね」と学歴コンプレックスを露骨にぶつけられた

そんな人に対しては、心の中で「哀しい人だな」と軽蔑しても、バチは当たりません。その上で、

「イヤミなヤツばっかりで、周囲となじめなかった」
「たまたまヤマが当たりまくって、そこで人生の運を使い果たした」

などウソの自虐話を繰り出して、相手が「なんだ、そうか」とプライドを保つ手がかりを与えましょう。

【ケース2】仕事ができない先輩が「自分がいた頃の〇〇大は」と、遠回しに学歴自慢をしてきた

「そこが心の拠り所なんですね」と本当のことを言うのは厳禁。かわいそうなので、もう知っていても「〇〇大なんですか。すごいですねー」と驚いてあげましょう。
「同級生にはどんな人がいるんですか」と話を振ると、よくそこまで知ってるなと感心

するぐらい、活躍している人の名前をたくさん挙げてきます。「へー、あの人も」などと感心すれば、たっぷりいい気持ちになってくれるはず。パッとしない今の自分と比較して、むしろ悲しい気持ちになりそうな流れなのに、自慢できた満足感に浸るのに忙しくて、そこまでは気が回りません。

【ケース3】大卒の人に「僕、高卒なんです」と言ったら、「あ、そうなんだ。ごめん」と謝られた

謝られる筋合いはありませんが、「なんで謝るんですか」と詰め寄るのは気の毒。謝られたことを侮辱と受け取って、憤ったり不機嫌になったりするのも不毛です。「アハハ、謝らないでくださいよ。自分が選んだ道に満足してるし、引け目も感じてませんから」

このぐらいのことを力強く言い放って、心の中で「俺のほうが一枚上手だ」と思っておきましょう。お互いの複雑な感情にフタをするには、きれいごとが有効です。

どうやら学歴は、どう語っても危険で凶暴な代物。さわらぬ学歴に祟りなし、かもしれませんね。

ハーフを悩ます失礼の洪水

さっそくですが、質問です。ハーフの人に対して、あなたが投げかけたことがある質問はありますか。

・「お父さんとお母さんは、どこで知り合ったの？」
・「二カ国語しゃべれるんだよね。何かしゃべってみて」
・「えっ、ハーフなのにどうして日本語しか話せないの⁉」
・「寝ているときの夢は、どっちの言葉で見るの？」
・「箸つかうの上手だね（or納豆食べられるんだね）」
・「日本人よりも日本人っぽいね」
・「国籍はどっち？」

どれもつい聞いてしまいがちですが、ハーフの人をガッカリさせたり、傷つけたりする失礼要素が満載です。私もいくつか尋ねたことがあるかも。たいへん失礼しました。

この項のテーマは「ハーフに対する失礼」。ドイツ人の父と日本人の母を持つエッセイストのサンドラ・ヘフェリンさん（『ハーフが美人なんて妄想ですから!!』『なぜ外国人女性は前髪を作らないのか』など著書多数）と、友人のハーフの女性ふたりに、ファミレスでたっぷり語ってもらいました。

ふたりの友人は、キャサリンさん（30代、仮名）とジェニーさん（40代、仮名）。キャサリンさんはアメリカ人の父と日本人の母を持ち、アメリカで生まれました。ジェニーさんはカナダ人の父と日本人の母を持ち、カナダで生まれました。

ふたりとも物心つく前に日本に来て、海外生活の記憶はほぼありません。日本の学校で習うまで、英語はまったくできませんでした。

「ハーフ」という言い方自体が失礼で、「ダブル」などにすべしという意見があるのは、重々承知しています。サンドラさんはこう言います。

「親の側は『ウチの子はダブルと呼んでほしい』という意見が多いようです。でも当事者からは、『ただでさえ二カ国語ができるとか、両方の国の文化に詳しいといった期待をかけられるのに、ダブルと呼ばれると余計にプレッシャーを感じる』という声をよく聞く。賛否両論ありますが、私は意味が広く浸透している『ハーフ』を使っています」

本項も同じスタンスです。

3人の意見を聞いてみると…

冒頭に戻りますが、それぞれの質問のどこがどういけないのか、3人の意見を総合してご説明します。

・「お父さんとお母さんは、どこで知り合ったの？」

↓初対面の人に聞かれがちだけど、いきなりプライバシーに踏み込み過ぎ。相手は熱烈なロマンスを期待していて、「普通に職場結婚」とか言うとガッカリされる。親が離婚している友達は、聞かれるたびに落ち込むと言ってた。こっちが「あなたの両親は？」と聞き返すと、「えっ」と怪訝な顔をされる。

・「二カ国語しゃべれるんだよね。何かしゃべってみて」

↓バイリンガルと決めつけられるのは、本当につらい。「ガイジン顔」なのに日本語しか話せないことで、どれだけ苦しんできたことか。たとえ話せても、そんなテストみたいなリクエストには応えたくない。

・「えっ、ハーフなのにどうして日本語しか話せないの!?」

↓外国語を話せないとわかると、必ずこう聞かれる。人にはそれぞれ事情があると想像してほしい。
・「寝ているときの夢は、どっちの言葉で見るの？」
↓それこそプライバシー中のプライバシー。日本語しか話せないと言ってるのに、こう聞かれたことがある。どうして？
・「箸つかうの上手だね（or納豆食べられるんだね）」
↓日本で育って（日本で長く暮らして）るんだから何の不思議もない。ホメてるつもりかもしれないけど、バカにされているように感じる。見かけが「ガイジン顔」だと、いつまでたっても部外者なのかな……。
・「日本人よりも日本人っぽいね」
↓食べ物の好みや趣味の話をしているときに、よく言われる。壁を作られているみたいで寂しい。
・「国籍はどっち？」
↓どう答えても相手は満足しない。外国籍だと「なんで日本じゃないの」、日本だと「なんで〇〇じゃないの」と言われる。「両方だよ」と言ったら「それって違法じゃないの」って！

耳や胸が痛い人も多いでしょう。結局は、ハーフの人にも当然ながら、ハーフ以外の日本人同士で聞かないことを聞いていいわけではないということですね。

また、ハーフじゃない多くの日本人は、「ハーフ」のイメージが貧困という傾向もあります。当たり前ですが、誰もがバイリンガルで家がお金持ちとは限りません。

「悪気はない」という言い訳

詳しく書き始めると本一冊分になりそうですが、「庶民ハーフ」の場合、子どもの頃はほぼ例外なくイジメに遭っているとか。大人になってからも、銀行口座を作ろうとしたら、書類はそろっているのに「近頃、口座の売買が多くて……」と犯罪者扱いされ、飲み屋では隣の席のオヤジに「ハロー、ジスイズアペン」と話しかけられる——。

日本社会は、同じ日本人であるハーフの人に、どれだけ失礼を重ねたら気が済むのでしょうか。後ろめたいことを指摘されると、すぐに「だったら国に帰れ」という声が飛んできます。ああ、情けない。

「子どもの頃、理不尽な目に遭うと、まわりの大人が『日本は島国だから』と慰めて（？）くれたけど、そんなの何の理由にもなってない。『悪気はない』という言い訳もす

ごく嫌い」（キャサリンさん）

「私は左利きなんだけど、よく『ハーフだから直さなかったんだね』と言われる。それとこれとは関係ない。何かというと『ハーフだから』『ハーフって』と決めつけられるけど、人はわかりやすい理由を求めたいんだなと感じる」（ジェニーさん）

失礼を働いてしまいがちなハーフ以外の日本人としては、「むしろ気をつかって言ってるのに、そんなに怒らなくても」と感じる人もいるでしょう。しかし、それこそ「悪気はない」という言い訳で、自分の無知や無神経をチャラにしようとしているズルい自己弁護に他なりません。根底には「少数派はある程度は我慢して多数派に合わせろ」という思い上がりの気配も窺えます。

特別な接し方や特別な心掛けが必要なわけではありません。3人とも「特別扱いではなく、普通に接してほしいだけ」と口をそろえます。たとえば「日本語しか話せないんだよね」と言われたら、「あ、そうなんだ」で十分だとか。

3人の本音トークは、勢いと過激さを増すばかり。このテーマ、次の項に続きます。

ハーフの本音とマスク生活

「先週の夜、おばあさんに道を聞かれちゃった！　日本に来て初めて！　マスクのおかげかな」

前項に続いて「ハーフ討議」第二弾。ハーフ女性3人にファミレスで聞いた話を元に、ハーフへの失礼についてさらに考えてみましょう。

道を聞かれたと嬉しそうに話すのは、日独ハーフでエッセイストのサンドラ・ヘフェリンさん。ドイツ出身で22歳の時に来日しました。

友人のキャサリンさん（日米ハーフ）とジェニーさん（日加ハーフ）も、「それはすごいね！」と、喜んで祝福します。ふたりとも海外で生まれて、ものごころつく前に来日しました。

「新型コロナは厄介だけど、マスク生活になって、とっても気が楽」

3人は口をそろえます。

「〝ガイジン顔〟だと、どこに行ってもジロジロ見られるし、大げさに言うと、怖がられるんですよね。駅員さんに『○○に行きたいんですけど、どの出口ですか?』と日本語で聞いてるのに、急にうろたえて、身振り手振りで『ストレート、ライト』と言われたりする」

と、ジェニーさん。ほかのふたりも「あるある」と同意します。笑い話として語ってくれていますが、そういう経験をするたびに、寂しさや疎外感を味わって、傷ついてきたに違いありません。

「コロナが収まっても、マスク生活が続くといいなあ」

キャサリンさんの呟きに、ふたりともうなずきます。私が「そうですね」と相槌を打つのもたぶん失礼なので、小さな声で「なるほど」と返しました。

前項でも書きましたが、「『ハーフ』ではなく『ダブル』と呼ぶべきだ」という意見があるのは、重々承知しています。しかし、「ダブル」だと二つのルーツを持つ人たちが、むしろ余計なプレッシャーを感じる一面があることや、広く浸透していることなどを踏まえて、ここでは「ハーフ」の呼称を使っています。

なんてことを念入りに書いておきたくなるところにも、ハーフのみなさんを取り巻く状況のややこしさが表われていますね。

「ガイジンなんて雇うな」

「仕事で電話応対するときには、最後に名前を名乗るのが決まりになっている。スムーズに進んでいたのに、私が外国名を名乗ったら、『あなたではわからないから、上の人に替わって』と言われたことが何度もある。『ガイジンなんて雇うな』とクレームが入ったことも。いくら頑張っても自分ではどうしようもないことで否定されるのは、すごく悔しい」

「落語が好きなんだけど、寄席に行って大笑いしてたら、隣のおじさんに『わかんのかよ』と言われた」

「幼い頃に日本に来たから、もともと英語はまったく話せなかった。日本で勉強して、今はＴＯＥＩＣ９４０点なんだけど、それを言うと『アメリカ人とのハーフだからね』で片づけられる。めっちゃ努力したのに」

「20代の頃、実際は男っ気ゼロだったけど、飲み会とかで初対面の女性に性的に奔放な人扱いされた。男性もその前提で接してきた」

「大学の卒業式に袴で出たら、友達に『わあー、日本大好きな外国人みたい』と言われた。それは似合ってないって意味だよね」

「ファミレスで、たぶん私が日本語を理解できないと思ったんだろうけど、従業員同士で『○番テーブルのガイジンがさあ』と悪口を話しているのが聞こえた。あんまり頭に来たので、近づいて行って『あなた、お名前は?』と名札を見て、『××さんですね。本部に伝えておきます』と言って、実際に伝えた」

3人が話してくれた「ハーフであるが故に受けた失礼体験」の一部です。そして、これらはあくまで「3人の白人系ハーフ女性の体験」です。性別や育った環境や肌の色や、どこの国とのハーフかによって、無限のバリエーションを持った大量の失礼が存在しているでしょう。

以前、中国と日本のハーフである知人が話してくれました。

「僕は見た目ではハーフだとわからない。隠すつもりはないけど、カミングアウトのタイミングに困るんだよね。何かの拍子に、友達が中国や中国人の悪口を言い始めたりすると、黙っているのもヘンだし、そこで言うのも何だし……。たいていは言うけど、とても気まずい」

彼が傷つくのが、友達が何の悪気もなく「えっ、日本人にしか見えない。ぜんぜんわからないよ」と言うこと。慰めのつもりで言っているところに、根深い差別意識を感じるとか。たしかにそうですね。

「失礼な自分」と向き合おう

ご紹介した話は、ハーフではない日本人の多くにとって、耳が痛いし何なら身に覚えがあることだったりします。耳の痛さや罪悪感を紛らわせるために、「いや、そう言うけど、ハーフの側にだって、こういう一面が」と、言い返す材料を探そうとする人も少なくありません。セクハラやパワハラが話題になる場面でも、似た光景が見られます。それは、無意識の失礼以上に、タチが悪くて恥ずかしい失礼と言えるでしょう。

人間は、自分のダメな部分を認めるのが苦手です。正当化しようともがけばもがくほど、失礼の根は深くなるばかり。「失礼な自分」と向き合う勇気を持つことが、自分の中の失礼と世の中の失礼を減らす唯一の方法です。手始めに、今自分がどういう気持ちになっているか、胸に手を当てて考えてみましょう。

話を聞かせてくれたハーフの3人は、日本も日本人も大好きです。だからこそ、もっといい関係を築きたいと、ネット上で冷たい言葉が飛んでくるかもしれないのを覚悟の上で、本音を語ってくれました。

ハーフとして生きてきて、よかったことを挙げるとしたら？　サンドラさんは、こう言います。

「嫌な思いもするけど、貴重な経験ができて勉強になることも多い。たとえばLGBTQとか女性の権利とか、差別の問題に敏感になれて深く共感できるのは、ハーフでよかったことのひとつですね。もう一度またハーフに生まれたとしても、それはそれで面白そうかな」

ハーフに失礼な社会は……いや、他人ごとみたいに言ってちゃいけませんね。ハーフに失礼な人は、きっといろんな相手に失礼です。3人の話を参考に、自分の中に巣くっている「失礼の虫」をなるべくたくさん退治しましょう。ハーフが生きやすい社会は、いろんな人や自分自身が生きやすい社会でもあります。

田舎vs都会の不毛なバトル

「田舎は素晴らしい。都会に住んでいる人は不幸だ！」

「都会は素晴らしい。田舎に住むなんて恐ろしすぎる！」

今日も全国各地で田舎派と都会派が、おもに心の中で、不毛かつ失礼なバトルを繰り広げています。

結局は「どっちにも、いいところもあれば悪いところもある」という話ですが、それだけで片づけられないのがややこしいところ。

田舎と都会の話題は、人それぞれのコンプレックスや優越感と無縁ではいられません。

「○○ご出身ですか。自然が豊かでいいですね」

都会生まれの人にそう言われて、嬉しい気持ちで「そうなんですよ」と受け止められる人もいれば、「バカにされた」と感じる人もいます。

あるいは都会の人が、田舎出身の人のあら探しをして、たとえば居酒屋で大声で店員を呼んだときに、顔をしかめて、心の中で「これだから田舎者は」とバカにするケースも。店員を大声で呼ぶかどうかは、出身地と関係ありません。

田舎出身者（在住者）は都会出身者（在住者）に対して、都会出身者（在住者）は田舎出身者（在住者）に対して、どうすれば失礼を避けられるのか。田舎から都会に出てきた人が、やたら都会人ぶったり自分の田舎やそこに住む人を見下したりする痛々しい光景もしばしば目にします。

「『田舎』ではなく『地方』と言ったほうがいいのでは？」と感じる人もいるでしょう。しかし、「田舎」を悪い意味で使うわけではないし、「都会」と対比させるにはやはり「田舎」という単語が適役です。「地方」と言い換えるほうがむしろ失礼な気もするので、ここでは「田舎」を使うことにしました。

都会風を吹かすと…

三重県出身の私は、東京で働き始めたばかりの若い頃、帰省すると同級生や歳の近いイトコに、

「東京ってどんなところ？　原宿とか行くの？　街で芸能人に会う？」

などと聞かれたものです。最初は「なんて田舎臭い質問だろう」と思っていましたが、

そう受け取るのがいかに傲慢な了見か、だんだんわかってきました。

あれは、都会から帰省した私をいい気持ちにさせてあげようと繰り出した、やさしい「おもてなし」だったんですよね。似合わない場所でがんばっていることへのねぎらいの気持ちも、たぶん混じっていました。

ただ、私が地元で得意げに標準語を使っていたら、話は違っていたでしょう。実際、やはり東京から帰省した別の同級生は、「標準語になっちゃうんだよねー」といった調子で話していて、別の場所で「なんじゃあいつ」と悪く言われていました。都会風を吹かすと、それ相応の報いを受けることになります。

ことほど左様に、田舎と都会の関係は、時にやさしかったり時にナーバスだったりします。なぜそんなにややこしいのか。それはきっと、世間に蔓延してしまっている「都会のほうが田舎よりエライ」という困った刷り込みがあるから。

それでいて「そんなことはない」「そうは思いたくない」という反発が、田舎側にも都会側にもあります。だけど、刷り込みを払拭するのは容易ではありません。

「刷り込みなんてない！」と強引に言い張ろうとすると、いろいろこじらせてしまいます。自分の中にある刷り込みを認めた上で、それがいかにくだらないかを念入りに確認し、表に出てこないように抑えつけることが大切。それが失礼を遠ざけて、両方のよさを尊重できるようになる第一歩と言えるでしょう。

ただ、どんなに気をつけていても、失礼はひょっこり顔を出します。当研究所の綿密な調査を元にした、田舎から都会に対する「失礼な誤解トップ3」はこれ。

①「都会の人は冷たい」
②「自分のことを田舎者だとバカにしている」
③「自然がぜんぜんない環境で子育てするのはかわいそう」

①は、距離の取り方に違いがあるだけで、本質的に冷たいわけではありません。②も大半は被害妄想です。本人が頻繁に「田舎者だからってバカにするな」と言い出すタイプの場合は、当たっていそうですけど。③は大きなお世話だし、地方都市あたりと比べているとしたら、しょせん目くそ鼻くそです。
都会から田舎に対する「失礼な誤解トップ3」はこれ。

①「のどかに暮らせる」
②「田舎の人は考え方が古い」
③「ほとんどの人は都会に憧れを抱いている」

①は単なる幻想。どこにいても「人の世のややこしさ」は付きまといます。②は、そういう人の影響力の大きさには違いがありますが、たぶん比率は似たり寄ったり。③は勘違いであり思い上がりです。「かわいそうに」という目を都会の人に向けている人のほうが多いかも。

理想のリアクションは

避けたいのは、A「田舎出身（在住）であることにコンプレックスを持っている人」やB「都会出身（在住）であることに優越感を覚えている人」だと思われること。相手に警戒心や不快感など複雑な感情を抱かせて失礼だし、何より恥ずかしいったらありゃしません。

ポイントは、出身地を尋ねられたときのリアクション。Aの場合、まずは「〇〇県です」と答えるとして、それに続いて、

「△△城ってご存じですか？」

「××うどんって食べたこと（聞いたこと）ありますか？」

など、地元の名所や名物を次々と繰り出しましょう。相手が知っていれば話を弾ませ、

知らなければ詳しい説明を始めます。力なく「何もないところで」と返すと、コンプレックスがあるように見えます。

Bの場合、やってはいけないのは「いちおう東京です」などと、頭に「いちおう」を付けること。なるべくフラットな口調で、

「東京の〇〇っていうところです」

と答えて、相手が興味を持ってくれたら「新宿から電車で15分ぐらいで」「遠足は××でした」などと追加情報を出しましょう。

「〇〇区って言っても外れのほうなんです」という説明は、その区にオシャレなイメージがある場合、むしろ都会ぶっているように聞こえる可能性があります。ま、それは聞く側に問題があるとも言えますが。

このへんのノウハウは、もしご納得いただけたら使ってみてください。大切なのは、相手の気持ちを慮《おもんぱか》りつつ、なるべくリスクを回避すること。失礼の落とし穴を避け続けることで、田舎や都会との自分なりの距離感がつかめてくるはずです。

「老害」という厄介な落とし穴

何かというと、すぐ「だから老害は」と言いたがる若者に、ロクなヤツはいません。自分も含めて、言われがちな年代に属する側としては、そこはあらためて押さえておきたいところ。そう、すぐ「近ごろの若いもんは」と言いたがる中高年にロクなのがいないように。

その上で、中高年がやらかしがちな失礼パターンをチェックし、胸に手を当てて反省したり、以て他山の石としたりしましょう。

「老害」という言葉は、20年ぐらい前からおもにネット上で広まり始めました。言葉自体はもっと前からありましたが、ネットでは当初、グループ内で「ピント外れな口出しばかりしてくるベテラン」などに対して、「老害だよな」などと年齢関係なく使われていた印象があります。

やがて、企業や組織の中で「権力を持っているので逆らえないけど、考え方や言動が時代遅れで迷惑なトップや上司」という元々の意味でよく目にするようになりました。

今のように「自己中心的な言動で周囲に迷惑をかける高齢者」に広く使われるようになったのは、10年ぐらい前からでしょうか。

とくにこの数年の「老害バッシング」は、勢いを増す一方です。どこの会社や組織も、そして社会全体も、高齢化が進んで、若い世代の閉塞感が強まっているからかもしれません。働き方やジェンダーなどへの意識が大きく変わって、昔ながらの価値観が頭ごなしに否定される傾向もひしひしと感じます。

相手が年長者だからという理由で不平や不満を我慢する必要は、まったくありません。ただ、相手が年長者だからという理由で……いや、ここはいったん、自分が失礼で迷惑な老害にならないために、傾向と対策を考えてみましょう。

年齢に甘えると「老害」に

「老害」という言葉でまず思い浮かぶのが、ベテラン政治家の失言や暴言。２０２１年はとくに目立ちました。

「女性がたくさん入っている理事会は時間がかかる」と発言して辞任した森喜朗東京オリパラ組織委員会会長、それを擁護しつつボランティアの人たちを軽視した発言で火に油を注いだ二階俊博自民党幹事長（当時）、「温暖化のおかげで北海道のコメはうまくなった」と頓珍漢なことを言って生産者を怒らせた麻生太郎自民党副総裁などなど、長老政治家がトホホな発言を連発。反省しているようには見えないどころか、何がいけなかったのか理解できていなそうな様子が、さらに「老害っぽさ」を際立たせていました。

そういえば最近は、政治家の失言があまり話題になりません。みなさん心を入れ替えて……というわけではきっとないですよね。

長老政治家ほどキャラが立ってないにせよ、同じタイプの困った権力者はあちこちに棲息しています。

「自分には十分な知識や経験があり、周囲のアドバイスを聞き入れたり勉強したりする必要はない」

「自分は尊敬されてしかるべき存在で、自分の意見は常に一目置かれる価値がある」

権力を持った立場の人がこう勘違いしてしまうと、組織や周囲に無限の「害」をもたらします。経営方針の変更から新しい社内連絡ツールの導入まで、エライ人のピントのズレた反対でタイミングを逸した例は、世の中に山ほどあるでしょう。

日常生活の中でも、自分の経験や価値観を大事にし過ぎるのは危険です。若者に向か

って、

「私たちが若い頃はその程度は当たり前だった」

「便利な道具に頼っていると、いつまでたっても成長できない」

「近ごろは、いろいろうるさくなってやりづらいなあ」

この手のセリフを口にしたら、即座に「老害」のレッテルを貼られるのは確実。すぐに貼りたがる側の問題点はさておき、3つのセリフには、古い価値観の押し付けや時代の変化に対する鈍感さ、自分のダメな部分を正当化しようとする言い訳臭さなどが見え隠れします。

人は年齢を重ねると、無意識のうちに「年長者は敬われて当たり前」「年長者の意見は尊重されるべきだ」と思いがち。しかし、自分が若者だった頃を思い出すと、年長者にそういう意識で接してこられるのは、ひじょうに不愉快でした。年齢に甘えていると、たちまち失礼な年長者になってしまうでしょう。

「昔はいい時代だった」

「今の若者はかわいそうだ」

こうしたセリフを言いたがるのも、「老害しぐさ」のひとつ。自分の中で過去を美化するのは勝手ですが、そもそも比較なんてできません。そう決めつけて優位に立った気になるのは図々しい了見だし、今の若者に対して失礼です。

使う側も似たり寄ったり

いっぽう多くの若者は、なぜ「老害呼ばわり」が好きなのか。

たとえば、飲食店で注文用のタッチパネルが使えなくて店員さんに文句を言っている高齢者や、コンビニのレジで怒っている高齢者に対して、今日もＳＮＳでは「この老害が！」という罵声がぶつけられています。

高齢者は新しい仕組みに慣れるのに時間がかかるし、怒りの沸点も低くなりがち。迷惑な高齢者はたしかにいます。ただ、高齢者がみんな迷惑なわけではないし、迷惑な若者もたくさんいます。

「老害」と言いたがる若者だって、それは薄々わかっているはず。しかし「老害」という決め言葉を使って高齢者を批判すれば、自分を正義の側に置けるし、偉くなった気にもなれます。年長者が「近ごろの若いもんは」と、若者をひとくくりにして批判する構図とまったく同じ。どちらも若さなり年齢を重ねたことなり、自分の特権にすがって優位に立った気になっているという点では、いわば似たもの同士です。

「セクハラ」や「パワハラ」と同じように、「老害」という言葉が広まったおかげで、今まで隠れていた理不尽な被害が可視化されました。大事なのは、そこから反省の気運を高めて、いい関係を築いていくこと。相手を攻撃する棍棒にして対立を深めたり、間違いを指摘されたときに、相手を「老害」と罵ってプライドを守ろうとしたりするのは、悪用以外の何ものでもありません。

世代によって価値観のギャップやコミュニケーションにおけるお作法の違いがあるのは、当然のことです。気に入らない部分をあげつらって相手を攻撃し、自分を肯定する材料にするのは、相手にも自分にも失礼と言えるでしょう。

お互いに多少のことは大目に見つつ、仲良くやっていきたいものです。

カミングアウトとアウティング

「じつは俺、ゲイなんだ」

仲のいい同性の同僚や友達が、意を決してカミングアウトしてくれました。あなたはどうしますか？

ひと昔前なら、

「えっ、今まで知らずにホモと付き合ってたのか。俺のことヘンな目で見てたんじゃないだろうな。こっちはそのケはないから、襲うなよ！」

と、相手の人格も尊厳も勇気も思いっ切り踏みにじる反応をする人もいたでしょう(今でもいないとは言い切れませんけど)。

性的少数者（セクシュアルマイノリティ）を表わすLGBTという言葉は、世の中でそれなりに広まりました。Lはレズビアン（女性同性愛者）、Gはゲイ（男性同性愛者）、Bはバイセクシュアル（両性愛者）、Tはトランスジェンダー（身体の性と心の性の不一致）のこと。

さらに、Q（クイア＝規範的な性のあり方に当てはまらない人。クエスチョニング＝自分のセクシュアリティが決められない、わからない人など）や、＋（これらの分類に当てはまらない人）を加えて、LGBTQやLGBTQ＋とする場合もあります。

言葉の広まりと同時に、性的少数者を差別してはいけない、それぞれのセクシュアリティは尊重しなければいけないという認識も、徐々に広まってはきました。ただ、当事者はまだまだ苦しい状況に置かれているし、周囲が失礼な言動をしてしまうケースも多々あります。

難しいテーマですが、きっとたくさんの失礼をしでかしているノンケ男性のひとりとして、避けて通るわけにはいきません。「LGBTの当事者じゃない人たち」が、当事者をうっかり傷つけないために、当事者といい関係を築くために気をつけたいポイントを探ってみましょう。

取り返しのつかない悲劇に

冒頭のカミングアウトの場面で、どう返せばいいのか。相手は悩みに悩んで、こちらを信頼してカミングアウトしてくれています。

絶対的な正解はありませんが、複数の当事者の意見としては、
「何か自分にできることはある？」
「困ったことがあったら言って」
と言われるとホッとするとか。もちろん、その彼の性的指向を無断で第三者に話す

「アウティング」は、失礼以前の最悪な行為です。

しかし、「みんなが知っていたほうがいいと思って」「悪いことじゃないんだから」といった勝手な理屈で、自分の言いふらしたい欲を正当化するケースは後を絶ちません。

残念ながら現在の日本ではまだ、ゲイに限らずＬＧＢＴの当事者だとわかると、人間関係が悪化したり職場での立場が脅かされたりなど、さまざまな不利益を受ける可能性が大。アウティングが取り返しのつかない悲劇を招いた事例もあります。

接し方や話題で第三者が察知するのを防ぐために、「このことは誰が知ってるの？」と聞いておくことも大切。本来は、何の心配もなく堂々とカミングアウトできる世の中になるのが理想ですが、まだまだ時間がかかりそうです。

よかれと思って言ってしまいがちだけど、相手が深く傷つくであろうセリフの代表は、次の３つ。

「専門の病院に行ったら、治るかもしれないよ」
→無知丸出しの「病気扱い」は、相手をきっと絶望させます。
「なんでこれまで隠してたんだよ。水臭いな」
→簡単に言えないから悩んでいたのに、責めるのは残酷です。
「えー、そうだったの。普通にしか見えないからわからなかった」
→LGBTを「普通じゃない」と言っているみたいで、かなり不適切。
カミングアウトを受けた場面以外で、LGBTの人に対する失礼にはどんなパターンがあるのか。

ありがちですが、職場などで「あいつら仲よすぎ。ホモ（レズ）じゃないの」「〇〇さんってオカマっぽいよね」といった会話は、あまりにも無神経。話している相手が当事者かもしれないし、周囲に当事者がいるかもしれません。

「いや、ウチの会社（部署）にはいないから大丈夫」と思ったとしたら、それこそ失礼です。ある調査では11人に1人がLGBTに該当するとか（異論もあります）。無理して話を合わせて、心の中では苦しい思いをしている人がいる可能性は、かなり高いと言えるでしょう。

そのほか、ホメるつもりで言うこうしたセリフも、けっこう危険。

「ゲイの人ってオシャレだよね」

「バイの人って感性が繊細だから、こういう仕事に向いてるよね」

ひとくくりにするのは、出身地や世代でひとくくりにするのと同じ。オシャレなのも仕事ができるのも「その人が努力しているから」で、本人はきっと不本意です。

NGワードにするのは逆効果?

昨今のLGBTへの関心の高まりで、いろんなメディアで情報が発信されたり、企業内で研修が盛んに行なわれたりして、具体的に何を言ってはいけないかという知識は、たくさんの人が持つようになりました。

ただ、いわゆるNGワードさえ覚えれば、LGBTの人たちといい関係が築けるかというと、そんな単純な話ではありません。なぜダメなのかよく考えないまま、表面的に「これを言わなきゃいいんだろ」と思ってしまうと、むしろ壁や距離ができてしまいます。

「LGBT差別をなくそう!」という誰も文句のつけようがない(文句をつけてはいけ

ない）主張自体も、失礼の魔の手からは逃れられません。

畏れながら申し上げると、自分の都合（政治的な主張を押し通したい、自己承認欲求を満たしたい、など）のために、ＬＧＢＴという概念や当事者を利用しているように見える場面も、ちらほらあります。本人は「正しいこと」をしている自信に満ち満ちているので、潜んでいる根深い失礼には気づきません。

多様性を認めようという運動をしている人たち同士が、意見の違いを頑として認めず、お互いを敵認定して罵り合っている構図も生まれています。人間って厄介ですね。

「ＬＧＢＴ差別はいけない」という認識が広まるのは間違いなくいいことですが、いっぽうで当事者が「腫れ物」になってしまう一面もあります。それは果たして、当事者にとって望ましい状況なのか……。

だんだんわからなくなってきました。当事者に聞いてみましょう。新宿二丁目に突撃。ゲイであることをカミングアウトしている作家の伏見憲明さんと、伏見さんのバーで働く若きイケメンゲイのみなさんに、お話を伺いました。

「こういう話で私が出てくると怒る人たちがいるわよ。大丈夫？」

大丈夫です。そのへんの事情や思いもぜひ聞かせてください。

二丁目に行って聞いてみた

「ポリコレ意識が高まるのはけっこうなことなんだけど、ゲイバーとしてはやりづらいよね」

そう語るのは、『新宿二丁目』（新潮新書）などゲイに関する著書も多い作家・伏見憲明さん。お話を伺ったのは、新宿二丁目にある伏見さんのバー「A Day In The Life」です。

冒頭の伏見さんの嘆きに出てくる「ポリコレ（ポリティカル・コレクトネス）」とは、直訳すると「政治的正しさ」。誰かを傷つけるような差別的な表現や用語を使わないようにすることです。

「二丁目では、女性のお客さんが入ってくると『あーら、ブス、いらっしゃい』と迎えるのがかつては〝お約束〟だったけど、最近はそう言われて怒る女性もいるよね」

この場合の「ブス」は、説明するのも野暮ですが、ケナシ言葉ではありません。女性と同じ土俵に乗ってはいないゲイが、複雑な前提を踏まえつつ、非日常の世界への歓迎の意味を込めて言っています。

「ウチは『環境型セクハラの店ですけど、いいですか』って最初に確認するの。オカマの自虐ネタも引かれちゃったりとか、何かとやりづらくはなったわね。でも、二丁目ですらポリコレ意識と無縁でいられなくなるのは、ゲイが市民社会に受け入れられていくことと、引き換えみたいなところがあるのかもしれない」

1990年代から伏見さんらが情報発信をしてきて、二丁目はゲイ以外でも気軽に〝観光気分〟で行ける街になりました。同時にゲイの社会も、大きく変化しています。

「昔の二丁目には、差別される同士としての『ホモの平等』があったけど、ゲイが少しずつ市民権を得てくると、一般的な階層社会の価値観が二丁目にも入り込んできたの」

社会的地位や収入は、かつては何の意味も持ちませんでしたが、今では一目置かれる要素になりました。差別が薄まることで新しい差別が生まれる——。何とも厄介です。

それぞれのカミングアウト経験

店で働く20代のイケメンゲイふたりにも、あれこれ尋ねました。カミングアウトをめぐる状況は、大きく変わっているようです。

「友達に『僕、ゲイなんだ』と言うことに、あまり抵抗感はないですね。誰にでも言えることではありませんけど。カミングアウトしたときに、否定的な反応をされたことは一度もありません。『話してくれてありがとう』って感じですね」

とA君。当事者以外の「カミングアウトを受ける心構え」も、少なくとも若い世代では、しっかりできている人が多いようです。仮に否定的な反応をしたら、ほかの友達に眉をひそめられるでしょう。

ただ、A君は10年ほど前、あるテレビ局の中のレストランでバイトしていたとき、悔しい思いをしました。ひょんないきさつで店長にゲイであることが伝わると、店長から「エイズ検査を受けて来い。そうしないとクビだ」と言われます。

「仕方なく受けて診断書をもらいました。でも、お医者さんの字が汚くて、店長に『お前が書いたんだろ』って決めつけられたんです。そのあとも働いてたんですけど、店長はずっと意地悪な態度でしたね」

店長がやったことは、失礼どころか、何重もの意味で最悪です。当時でも大問題ですが、今ならきっと店長のクビぐらいでは済みません。

いっぽうで、親へのカミングアウトは、引き続き大きな悩みです。

「ウチの場合は、わりとあっさりでした。『ああ、そうなの』って」
という B 君のようなケースも増えてはいるようですが、A 君は「親にはまだ言えないでいます」とのこと。親との関係についての質問は、ひじょうにデリケート。大きな傷や重荷になっているケースは少なくありません。取材とはいえ、不躾に聞いてしまってごめんなさい。
「自分がゲイであるということに関する話題で嫌なのは、ゲイに生まれてかわいそうだねとか不運だったねと同情されることです。ゲイだから出会えた友達もたくさんいるし、僕は僕なりに楽しく過ごしているのになって思いますね」(B君)
同情は無意識の失礼の典型。する方はいい気持ちですが、されて嬉しいケースはまずありません。

時には傷つけ合う

昨今は「LGBTの解放」を目指して、さまざまな意見が飛び交い、たくさんの人が活動しています。ふたたび伏見さんに聞きました。
「社会運動って、すぐ仲間割れしてケンカが始まっちゃう。戦うべき相手は、意見が違う別のグループじゃないのに。私も『表現規制はしなくていい』『アウティング条例はいらない』なんて言ってるから、アウティングを法的に規制したい方面からは、敵だと認定されてるみたい」

目指す方向は同じなのに……。しかし、長年にわたる地道な訴えの甲斐あって、最近は企業での「LGBT研修」も増えてきました。

「理解を広めるのは大事だけど、研修とかしたせいで、みんなが構えちゃってカミングアウトしづらくなったって話も聞くわね。『これは言っちゃいけない』『こういう対処はよくない』と、互いの正直で率直な意見を交わさないままに禁止項目を並べる研修だと、むしろLGBTに壁を作る効果しかないかも」

LGBT問題に限らずあらゆることに言えますが、失礼がないようにと神経質になることが、失礼をなくす近道とは限りません。

「人と人とのコミュニケーションには、勘違いやすれ違いは付きもの。多少の失礼は許し合って、時には傷つけ合う構えで接しないと、何も語れなくなるし、お互いに何も知りえなくなっちゃうんじゃないかな」

まさに〝失礼の神髄〟を突いたお言葉！　最初から相手を傷つけようとするのは論外

ですけど、「傷つけない」「傷つかない」を最重要視するのは、むしろ危険です。「この頃、ＬＧＢＴが『腫れ物』になっちゃってるところはある。ヘタにふれちゃいけないみたいな。当事者以外の人にとっては、それってストレスよね。なんで自分たちが、そんなコストを払わなきゃいけないんだって気になってくる。『ＬＧＢＴ差別はやめよう』って叫ぶことで、表面上の平等には近づくかもしれないけど、もしかしたら本当の差別が始まるのはこれからかもしれない」

昨今のＬＧＢＴへの意識の高まりは、間違いなく世の中をいいほうに変えています。いっぽうで裏側に潜んでいる「本当の差別」の芽を摘むには、どうすればいいのか。かなりの難問です。某人生相談風に言えば、まずは「二丁目へ行け！」でしょうか。

在日コリアンに抱く罪悪感

感情的な反論を受けるのは承知の上で、あえて申し上げます。昭和20~40年代に生まれた日本人の多くは、「在日コリアン」という言葉を目にすると、微妙な罪悪感を抱いてしまうのではないでしょうか。

どんなに言い訳を並べても、戦前の日本が、そして戦後の日本が、かつての「朝鮮」の人たちに、戦後は「在日」の人たちに、申し訳ないことをしたのは確かです。国としてだけでなく、個人としての日本人も、関東大震災における朝鮮人虐殺を持ち出すまでもなく、理不尽で残酷な差別を行なってきました。戦後も陰に陽に差別があったことは、誰もが知っているはず。

平成になった頃は、少なくとも表面上は、在日コリアンに対する差別的な言動を目にすることは減っていました。ところが、十数年前からネット上や街角にあふれ出してきたのが、いわゆる「ヘイトスピーチ」です。もはや「一部の偏った考え方の人がヘンなことを言っている」という規模ではありません。

初めて「ヘイトデモ」を目撃したときは、目と耳を疑いました。差別意識丸出しの言葉を書いたプラカードや旭日旗を掲げた集団が、罵詈雑言を叫びながら街を練り歩いている。子どもを抱いた若い母親もいる。なんだこの集団は……。生まれて初めて「日本人として恥ずかしい」という気持ちになりました。

「戦争だから仕方なかった」「そうは言うけど韓国（人）だって」と言いたい人も多いでしょう。時代がどうの相手がどうのではなく、大事なのは自分がどうするかです。もちろん、卑屈になる必要はありません。ここで失礼を研究しているのは、なるべく胸を張って生きていくため。日本人のひとりとして、在日コリアンの存在をどう考え、罪悪感とどう折り合いをつけるか。

3人の在日三世の話を聞きつつ、落としどころを模索しましょう。

「帰化するの？」と聞かれ…

「運がよかったのかもしれませんけど、ボク自身は直接『差別を受けた』という記憶はないんですよね。ただ、兄は嫌な思いをしたのか韓国のことを嫌っていて、まだ一度も行ったことがありません」

そう語るのは神奈川県出身の在日三世・Aさん（40代）。帰化はしておらず韓国籍で、日本名（通名）を使っています。日本人の女性と10年前に結婚しました。

続いては、埼玉県出身の在日三世・Bさん（40代）。

「差別とは違うかもしれませんが、結婚する前、日本人の彼女の母親に『帰化するつもりはあるの？』と聞かれました。『はい』と答えたら、ホッとした顔をしてましたね」

15年前の結婚を機に日本に帰化しましたが、日常生活や仕事では民族名を使っています。「面倒だし、なんかアイデンティティがなくなる気がして」とのこと。

「夫も自分も在日三世です。子どもができる前に帰化したいんですが、どちらの親もいい顔をしません。高校までは日本名でしたが、大学に入ったときに民族名に変えました。高校と大学の友達がいっしょにいると、別々の名前で呼ばれてややこしいんですよね。アハハ」

こちらは、愛知県出身のCさん（30代）。結婚2年目で、夫はずっと日本名を使っています。

座談会ではなく、個別に話を聞きました。3人とも祖父母の出身地は現在の大韓民国です。

Aさんだけでなく、BさんもCさんも「露骨に差別を受けた経験はない」と言います。もうひとつの共通点は、「在日一世がどう生きてきたかや、〝祖国〟であるはずの韓国についてよく知らない。知らないことに引け目を感じている」ということ。
「祖国って言葉が出ましたけど、自分にはそういう意識はないですね。昔、サッカーの日韓戦を在日の友達に誘われて観に行ったとき、まわりが韓国を応援していることに居心地の悪さを覚えました。そのとき『自分はこっちじゃないんだろうな』と感じたんです」（Bさん）
「民族名を使っているからか、時々『日本と韓国の関係について、どう思うか？』なんて聞かれます。だけど、自分は在日を代表しているわけじゃないし、知識もたいしてない。自分なりにフラットなつもりの意見を言っても、たぶん満足してはもらえません。もしかしたら怒り出すかもしれない。『難しいですよね』なんて当たり障りのないことを言ってお茶を濁してます」（Cさん）
「さっき石原さんは『罪悪感』という言葉を使いましたよね。長い付き合いだから言いますが、けっして嬉しくはないです。違うかもしれないけど、アメリカ人の友達に『私たちの国が原爆を落としたことに罪悪感を覚えています』と言われても困るし、それは

さておき仲良くしましょうと返すと思います」（Aさん）
たしかに、在日コリアンについて「ちゃんと考えよう」とすればするほど、自分の乏しい知識の範囲に当てはめたり、結果的に壁を作ることになったりしがち。無関心という最大の失礼よりはマシかもしれませんが、次の一歩をどう踏み出せばいいのかは悩ましいところです。

日々変わっていく「事情」

在日コリアンを取り巻く状況や当事者の意識は、戦後78年が経ち、四世五世も増えてきている中で、大きく変わっています。変わっていないのは、中年以上の日本人が在日コリアンに抱くイメージのほうかもしれません。それは、いわゆる「偏見」と限りなく近いものです。
「キムチを漬けたら、食べた友達に『さすがひと味違うね』とホメられました。ネットでやり方を調べて初めて漬けたのに」（Bさん）
「韓流アイドル人気の影響でしょうけど、10代の女のコは韓国への憧れがあって、何の屈託もなく『いいなあ、私も韓国人になりたい』なんて言ったりします。ああ、自由だ

「韓国人であることは、隠してはいません。就職活動でも履歴書に書くことで、逆に『それで落とすような会社には行かなくていい』と、こっちの判断材料になりますよね」（Aさん）

もう退職しましたが、Aさんは新卒時には一部上場企業に就職しました。ただ、自分は隠してはいなくても、友達との会話の中で「あの人もコリアンだよ」という〝アウティング〟は、けっしてしないとか。

書くほうも読むほうも、つい肩に力が入ってしまうテーマです。まずは肩慣らしということで、「令和を生きる在日コリアン」のリアルな声をご紹介しました。

続いては3人に、ヘイトが蔓延している昨今の状況への率直な思いや、悪気なく発せられる「失礼なセリフ」について語ってもらいましょう。

在日コリアン三世の戸惑い

引き続き、3人の在日コリアン三世の話を聞きながら、日本人のひとりとして「自分に恥ずかしくない処し方」を考えてみましょう。

「混んだ電車の中で、前にいた30代ぐらいの女性のスマホがたまたま見えたんです。その人は、ヤフーの韓国関連のニュースを見ながら、ヘイトなコメントに、次々と『そう思う』を押しまくっていました。ごく普通のおとなしそうな人が、韓国や韓国人にすごい勢いで悪意をぶつけている。あのときは震えるぐらいの恐怖を覚えましたね」（Cさん、30代女性、韓国籍）

それ以来、人と話している最中、ふとした拍子に「この人も、韓国が嫌いなのかな」という思いがよぎるようになったとか。

「よく言われている『在日特権』は、ウソも100回言えばホントに聞こえるの典型で、もしそんなものがあるなら受けさせてほしいですよ。面と向かって『あるの？』と聞いてくる人は、まだいいんです。否定できますから。信じ込んでいる人に『こいつもきっ

と』と思われているかもしれないのが、すごく嫌です」（Aさん、40代男性、韓国籍）

在日コリアンに関するデマを信じたがる人は、残念なことに少なくありません。「差別する口実がほしいんでしょうね」とAさん。なるほど、それはきっと図星です。

「いつの頃からか、飲み屋に行くとおじさんが、大声で韓国や韓国人を批判している場面に遭遇することが増えました。たいていは『お前のかあちゃんデベソ』みたいな幼稚な悪口だったりする。呆れるだけで腹も立たないし、デベソかどうかを議論する気はありません。でも居心地は悪いので、すぐに店を出ます」（Bさん、40代男性、日本国籍）

そういうおじさんは、たしかによく見かけます。おじさんがどんな考えを持とうが勝手ですが、人前ですっかり油断して、特定の国や民族の悪口を言えてしまう世の中は、お世辞にも美しくはありません。

「在日」というレッテル

凶悪犯罪が起きると、ネット上には必ず「こんなことは日本人にはできない」「日本国籍かどうか調べたほうがいい」など、暗に「犯人は在日コリアンに違いない」と言いたげなコメントが現われます。極めて失礼でみっともない光景です。しかも「濡れ衣」

だとわかっても、謝っている人は見たことがありません。

「安倍元首相が殺害されたときも、直後はその手の声がたくさんありましたよね。もちろん、あの犯人はとんでもないヤツです。ただ、在日コリアンじゃなかったのは、正直言ってホッとしました。もしそうだったら、日本と韓国の関係は修復不可能になってしまいます」（Aさん）

在日コリアン三世は、政治が作り出す世の中の激流に翻弄されたり、見えない悪意に恐怖を覚えたりせざるを得ません。名前や国籍をどうするか、己のアイデンティティをどうとらえるかなど、悩みや葛藤を乗り越える必要もあります。

「私は、在日として生まれてよかったです。日本が好きだし、違う視点から日本や世界を見ることもできる。やはり差別には敏感になるので『自分は差別をしない人になろう』と思えますしね」（Cさん）

話を聞いた3人とも「日本は好きだし愛着もある」と言います。

当たり前ですが大半の日本人は、在日コリアンを差別したいなんて思っていません。しかし、悪気なく失礼なことを言っている可能性はあります。3人の話などから、「言わないほうがよさそう」という5つのセリフをピックアップしました。もちろんお互いの関係性や話の流れで、意味合いは大きく変わります。

「日本人にしか見えないね」

↓日本で生まれ育っているんだから、自然なことです。ホメ言葉のつもりで言える傲慢さに、言っている側は気づいていません。

「なぜ韓国の名前を使わないの？（or日本名を使えばいいのに）」

↓どちらを使うかは、デリケートな問題。その人の選択に軽々しく疑問を呈するのは無神経です。日本名を使っている人に「ぼくは君を民族名で呼ぶ」と、謎の信念を押しつけてくるケースもあるとか。

「わー、在日の人とお友達になれて嬉しいな」

↓自分は差別はしないという意思表示かもしれませんが、個人ではなく「在日」という属性で見られたら、本人はいい気はしません。

「最近は韓国も発展してきたよね」

↓「日本のほうが進んでいる」という前提で話しているのは、失礼だし滑稽。いろんな部分で、とっくに追い抜かれています。

「ほら、韓国って昔はこういう人がいて、こういう歴史があったよね」

↓韓国について勉強していたり韓国好きだったりする日本人が「当然、知ってるでしょ」という口調で言いがち。たぶん、知らないと言わせて優越感を得たいんですね。「かなり前ですが、大学の先輩に『昔は在日差別がたいへんだったけど、今はよくなったよね』と言われたんです。あれは腹が立ったなあ。最初からグリーン車に乗っている人に、『キミもグリーン車に乗れてよかったね』と言われているみたいで。しかも、その人が何かしてくれたわけでもないし」(Bさん)

無自覚な「上から目線」には、くれぐれも気をつけたいものです。

日本人の仕事

昨今の日本には、なぜこんなにもヘイトがあふれてしまったのか。

「お互いの政府にとって、憎む対象を作ったほうが都合がいいんでしょう。政府が『差別はダメだ』とはっきり言わないから、お墨付きを与えられた気になる。世間って意外にチョロイんだなと」(Aさん)

「自分の現状に何かしら不満があって、世の中に文句を言いたい人には、在日や韓国って格好の対象なんじゃないですか。ネットで言っている分には言い返してこないし、賛

同者も現われる。安全圏から攻撃しているという点では、若者批判をしている老人と同じですよね」(Bさん)

困ったもんです。「差別は人間のサガ」で片づけていい話ではありません。いっぽう、こんな意見も。

「どうしてなんでしょう。でも、それって被害者である私たちが考えることなのかな」(Cさん)

たしかにそうですね。ヘイトについて考えるのも、ヘイトと戦うのも、〝加害者〟である日本人の仕事です。被害者の側に負担をかけることではありません。

3人の話を聞いて、知ったこと気づいたことがたくさんあります。いい歳をして、無知という大きな失礼をしでかしていることを自覚しました。「傍観者でいる」という失礼からも、全力で脱していく所存です。

4　ライフスタイルへの失礼

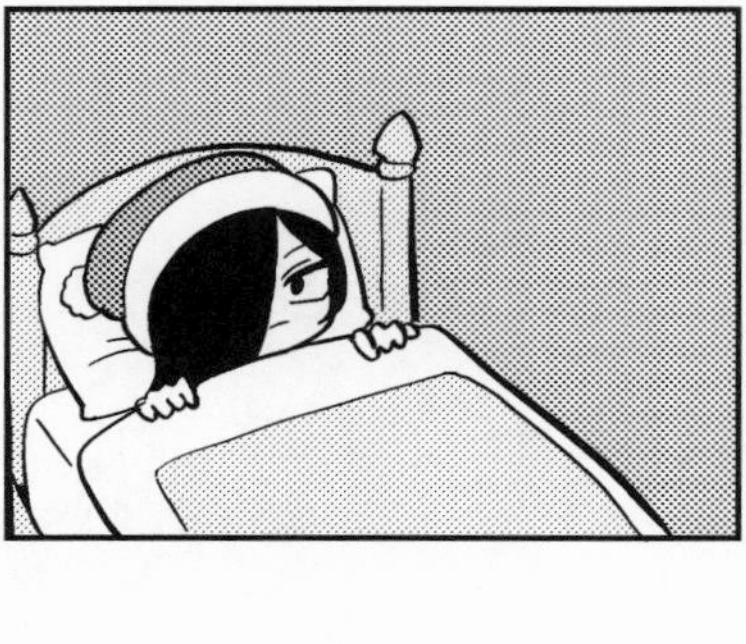

他人の仕事を見下してくる

当たり前ですが、職業に貴賤はありません。抽象的な理念としては、それは誰もがわかっているはず。しかし実際には、職業や仕事にまつわる失礼は山ほどあるし、他人の仕事を見下してくる人は後を絶ちません。すべての社会人は、自分の仕事に関する失礼に遭遇した経験があると言っていいでしょう。

「そんな仕事してるなんて、恥ずかしくないの？」

「別の仕事したほうがいいよ」

相手が詐欺師やコソ泥ならさておき、面と向かってこんなことを言う人はいませ……いや、そうでもないのが、失礼の魔の手の恐ろしさ。ストレートにこうは言わなくても、同じ意味のセリフが、ふとした拍子に飛び出します。

自分のケースだと、出版社勤務から30歳でフリーライターになった最初の頃は、親戚や友達から、

「芸能人の浮気の張り込みとかあるんでしょ。たいへんだね」

「ライターって食べていけるの？」

「5年後はどうするの？」

そんなことを心配そうに言われました。つまりは、先のセリフと同じ意味ですよね。

分野が違うのでやることはありませんでしたが、「芸能人の張り込みだって、読者の期待に応える記事を作るための大事な仕事なのに、失礼な言い方するな！」と内心ではムカついていました。

収入や将来については、自分自身がいちばん不安だったし、見通しも立たないので答えようがありません。ヘラヘラしながら「まあ、考えてもしょうがないしね」と返すことで、自分をなだめていました。それから約30年、おかげさまで運よく何とかなっています。

あとから気がつきましたが、聞いてくる人のおもな目的は、自分の選んだ道（サラリーマンとか親の仕事を継いだとか）を「自分は間違っていない」と肯定すること。「こいつみたいに不安定な道を進まなくてよかった」と安心することが目的なので、どんなに丁寧に説明しても納得することはなかったでしょう。

ただ自分も、若かったというか肩に力が入っていたというか、何気ない世間話をナイーブに受け止め過ぎていた気がします。繰り返し書いていますが、失礼は相手と自分の共同作業ですね。

悪意を隠しているつもりでも

なんだかんだ言って、社会人にとって「仕事」は、自分のアイデンティティを構成する重要な要素です。人によっては「会社」が同じ役割を果たすこともあります。

自分の中で自分の価値を上げるために、隙あらば他人の仕事を見下したくなるのは、残念ながら一種の本能と言っていいでしょう。しかし、本能のおもむくままに発言したら、周囲から顰蹙《ひんしゅく》を買って自分の株を下げてしまうのは確実。「他人の仕事を見下すなんて恥ずかしいし」という理性も歯止めになって、私たちは日頃、その邪悪な欲求から必死で目をそらしています。

気を付けたいのは、自覚がないまま〝見下し感〟が漏れ出てしまう事態。言う側は悪意を隠しているつもりだけど、それが透けて見えているケースもあります。当研究所が独自のノウハウで収集した「見下されたと受け取られそうなセリフ」の例をご紹介しましょう。

・「ニュースでやってたけど、コロナの影響で○○業界はたいへんなんでしょ。おたくは大丈夫？」
→心配しているように見せつつ、心の奥底では「悲惨な話」を聞いて安心したがっている。エッセンシャルワーカーの人に、一時期よくかけられた「コロナに気を付けてね」というセリフも、危険な存在扱いしているように聞こえかねない。
・「会社でパソコン打っていれば給料もらえるんだから、いいよね。俺は体を動かすしかないからな」
→要は「楽な仕事しやがって」という意味。「体を動かすしか云々」も謙遜ではなく、「お前もやってみろ」の意味が込められている。
・「そんなたいへんな仕事、よくやってるね。自分には無理だな」
→単に「たいへんな仕事だね」だとやさしいねぎらいの言葉だが、この言い方は明らかに見下している。「いい給料がもらえるわけじゃないんでしょ」と続く場合も。
・「専業主婦って、今やある意味セレブだもんね。うらやましいな」
→働く女性から専業主婦に。素直に受け取るのは難しい。「仕事してないとつまんなくない？」と、気遣う形を取りつつ見下すパターンも。

・「お前は自由でいいな。サラリーマンなんてつまんないよ」
↓フリーランスに対する誤解に基づいた定番の失礼。個人的な経験では、いわゆる大企業に所属する会社員ほど、こう言いたがる傾向がある。もしかして遠回しな自慢?
・「自分みたいなのは、組織の中で生きられそうにないからさぁ」
↓フリーランスが会社員に向けて言いがち。強がりと対抗意識が複雑に渦巻く。優位に立つセリフのつもりだが、相手は心の中で「たしかに無理だな」と逆に見下す。

「気の毒な人」にして対抗しよう

ほかにも「公務員は楽でいいよね」「○○みたいな仕事はストレスがなくていいよね」など誤解を丸出しにしつつ、「恵まれてると思われがちな仕事」を見下す手法もあります。自分で会社を興した人が、家業を継いだ友人を「お前はいいな」とうらやましがるパターンも。

どちらも、その立場にある人の苦労を知らない(知ろうとしない)からこそできる恥ずかしい見下し方です。「仕事を見下す」という行為は、その仕事の表面しか見ていないことの証明とも言えるでしょう。

そもそも、自分の仕事に満足していて、本当の意味で誇りを持っている人は、他人の仕事を見下して小さな満足感を得ようなんて思いません。うっかり他人の仕事を見下す愚を犯さないように気を付けることは、とても大切です。それ以上に大切なのが、仕事を見下されるという避けようのない災難のダメージを最小限に抑えること。

他人の仕事を見下してくるのは、「物事の表面しか見ていなくて、自分はそれに気づいていない」「プライドに不自由している」という点で、気の毒な人です。心の中で「かわいそうに」と同情してしまえば、たちまち優位に立てます。「何か嫌なことでもあったの？」と聞くのも一興。きっと相手は、さぞ複雑な表情を浮かべるでしょう。

「楽そうな仕事でいいね」と言われたときは、ニッコリ笑って「そう見えたとしたら嬉しいです」と返すのがオススメ。誤解をまともに受け止めてあげる義理はありません。

「見下された……」と気にすること自体、自分の仕事に失礼です。全力でサラッと受け流しましょう。

子育てへの口出しは愚挙か

「えー、どうして母乳じゃないの。かわいそう」

「笑わない子だね。パパとママの愛情が足りてないいんじゃないの」

「地元の公立に通わせるなんて、親として無責任だと思うな」

当研究所が被害者から収集した「失礼な口出し」の一例です。今日も世界中で、言うほうは「親切なアドバイス」のつもりだけど、言われた親はハラワタが煮えくり返るセリフが飛び交っていることでしょう。

子育てに普遍的な「正解」はありません。どの親もあれこれ悩みながら、子どもの個性やその時々の状況に合わせて「なるべくよさそうな方法」を模索しています。とくに子どもが小さい頃は、親も「親の初心者」であり、たくさんの不安を抱えずにはいられません。

そんなデリケートな状況にあるだけに、たとえ有益な口出しだったとしても、素直に受け止めて感謝の気持ちを抱くのは、かなり困難です。まして、持論を押しつけたいだけの的外れな口出しやダメ出しは、一種の暴力と言えるでしょう。

冒頭の「母乳」の例だと、母親が母乳が出ない体質なのかもしれません。そうだとしてもそうじゃなかったとしても、ミルクで育てているからといって「かわいそう」と見下すのは、あまりにも失礼です。

二つ目の「笑わない」も、たまたま機嫌が悪いだけかもしれません。あるいは笑うのが苦手な子でも、理由はいろいろです。事情も知らないで「愛情が足りてない」呼ばわりするのは、けた外れに無神経で傲慢な所業です。

三つ目は、いわゆる「お受験」をさせるさせないの話。どちらもメリットとデメリットがあるはずで、その子にとってどちらがベターかは、誰にもわかりません。「親として無責任」という言葉は、いわれのない侮辱です。極めて大きなお世話ですけど、そんな偏った考え方の親に育てられる子どもは、どんな大人になっていくのでしょうか。

子育てへの「失礼」実例集

子育てへの失礼な口出しは、いろんな人がやらかします。ママ友、実の親、義父母や親戚、通りすがりの人、そして配偶者……。もちろん母親だけでなく、父親にも失礼の刃《やいば》はどんどん向けられます。

厄介なのは、言っている側に悪意も自覚もないところ。それだけに、うっかり自分も加害者になるかもしれません。具体的な加害例を反面教師にしましょう。

【実の親や義父母の口出し】

・「背が伸びないのは、栄養が足りてないからじゃないの」
・「こんな薄着だと風邪ひくわよ」
・「女の子なんだから、こんな地味な服はかわいそう」
・「男の子なんだから、もっと厳しく育てないと」

→勝手に〝落ち度〟を決めつけて親を責める、自分が子育てしていた頃の常識を押しつける、昔ながらの「男らしさ、女らしさ」の呪いをかける……。どれも典型的な「やってはいけないこと」です。

・「まだ0歳なのに保育園に預けるなんてかわいそう」
・「子どもにワクチンなんて、よくそんなことができるわね」
・「ピアノなんて習わせても、将来何の役にも立たないよ」
・「今の時代、早い時期から英会話を習わせるのは親の務めだよ」

↓親はしっかり考えた上で、それぞれの選択をしています。何か言いたくなる場面もあるでしょうが、険悪な関係になりたくなければグッとこらえましょう。年長者の意見がいかに役に立たないかは、自分が言われた頃を思い出せばわかるはず。

そのほか、お菓子を安易に与えたり、テレビやDVDを際限なく見せたりなど、甘やかしすぎるのも「間接的な口出し」と言えます。

もっともやってはいけない悪質な口出しは、子どもに父親や母親の悪口を言うこと。大人同士で相手に好き嫌いがあるのは仕方ないにせよ、子どもを巻き込んで溜飲を下げるのは、かなり恥ずかしい所業です。

夫の口出しはより一層…

夫から不愉快な口出しをされたケースも、枚挙にいとまがありません。距離が近いだけに、より深刻な事態に発展しがちです。

【夫から妻への口出し】

・「母親なのに、どうして泣き止ませられないの」
・「えっ、ごはんできてないの。ずっと子どもと遊んでたんでしょ」

・「もっと頭を使えば、効率的に子育てできるんじゃないかな」
↓この手の「苦労がまったくわかっていないセリフ」は、怒りを買うばかりか激しく幻滅されます。
・「躾も満足にできないのか」
・「うちの母親はそんなやり方してなかったけどね」
↓どちらも、あまりに浅はかで、あまりに恐ろしいセリフです。

口出しというより手出しですが、中途半端な「イクメン気取り」も極めて不評。「俺がイクメンだから、お前は楽だよね」と言われて、「この人には、もう何も期待するまい」と悟ったケースもあります。

逆に、夫が妻の言葉に腹を立てることも。「いつも子育てを手伝ってくれてありがとう」と言われて、

「僕は子育てを手伝ってるんじゃない。父親として参加してるんだ」

と言い返したとか。言わんとするところはわかりますが、叱られた妻が気の毒でなりません。ともあれ、軽い世間話のつもりで、

「いつも子育てを手伝ってらして、奥さんは幸せですね」

なんて言うと、それを失礼と感じる男性も存在するようです。意識が高い人はたいへんですね。

ママ友や同僚からの不愉快な口出しの実例も、大量に集まっています。不愉快の源は「こっちの事情や考えがあるのに、価値観を押し付けてくる」という点。そもそも、口出しする側は、その言葉の責任を取る気はまったくありません。

子育てへの口出しに関しては、受け取る側がナーバスになりすぎている一面も、たしかにあります。だけど、自信なんて持てないし、「親としてちゃんとできていない」と必要以上に引け目を感じていたりもするでしょう。「もっと大らかに受け止めればいいのに」と言うこと自体、失礼な口出しです。

もちろん、明らかに虐待だったり命に関わったりする場合は話が別です。そうじゃない限り、子育てへの口出しは、すべて「大きなお世話」であり、ほぼ確実に相手を怒らせたり傷つけたりする愚挙だと思ったほうがいいでしょう。

口出しではなく、いかにやさしいねぎらいの言葉をかけるか。それを考えて積極的に実践するのが大人の務めであり、勝負どころです。

家族の悪口という暴発装置

「自分のことは何を言われてもいいけど、親（家族）を悪く言われるのは絶対に許せない！」

ドラマなどではおなじみのフレーズです。実際に使ったことがあるかどうかはさておき、誰もが「そりゃそうだ」と納得するでしょう。

「人の親や家族を悪く言うのは失礼」という認識は、あまねく広まっています。だからといって、その種の悪口が世の中からなくなるわけではありません。それが、失礼の怖さであり人間のややこしさです。

友達が楽しそうに「ウチの親はこんなにひどい」というエピソードを披露。大笑いしながら、

「そりゃひどいなあ。子どもとしては苦労しただろうね」

そう話を合わせたら、急に真顔になって「人の親をそんなふうに言うな」と激怒された――。

妻が「もう、お母さんには心底あきれた。大嫌い！」と憤りながら、こんな理不尽なことを言われたと語っている。慰めるつもりで、

「お義母さんは、そういう無神経なところがあるよね」

そう言ったら、「お母さんのことを悪く言わないで！」と怒りの矛先をこっちに向けられた——。

よくあるパターンですが、どちらも一種のだまし討ちです。しかし、相手は「親を悪く言われた。許せない！」と腹を立てるのに忙しくて、自分が悪口を誘発したことに考えを及ぼす余裕はありません。

会社ですき焼きに何を入れるかの話になり、「ウチは大根を入れます」と言ったら、上司が半笑いで、

「えっ、大根は入れないでしょ。君んちの親御さん変わってるね」

とひと言。以来、その上司が大嫌いになったという話も。

冷静に考えると、相手を嫌うほどのことではありません。しかし、いったん「家族への侮辱」と受け取ったら、言葉尻とか表情とか、さらに強く非難する理由を全力で探したくなります。ま、もともと気に食わない上司だったのかもしれませんが。

たとえ「毒親」でなくても…

私たちは「親や家族の悪口」を言われたら、ほぼ確実に不愉快になります。それはきっと、自分自身を否定された気になるから。「お前に何がわかる！」という反発心も沸き起こってきます。

親のダメな部分を的確に指摘された場合、的確だからこそ、かばってあげたい気持ちになるでしょう。そのダメさは自分だってわかっているので、「気にしていることを言われた腹立たしさ」も加わります。

いわゆる〝毒親〟ではなくても、どんな親だって（自分自身がそうであるように）至らないところだらけ。しかし、自分に注いでくれた愛情や共に過ごした年月を否定される筋合いはありません。それは、きょうだいなどの身内でも同じです。他人の「悪口とも取れる発言」に敏感になったり、相手を許せない気持ちが強くなったりする背景には、そうしたややこしい感情があるかも。

「親や家族の悪口」には、感情の暴発を引き起こす理由が山のようにあります。失礼だからという以上に、無用のトラブルを起こしたり、「そんなこと言う人だったんだ」と幻滅されて自分の株を下げたりしない防御策として、くれぐれも慎みましょう。

いっぽうで「親（家族）を悪く言われるのは許せない」という感情に素直に従いすぎる落とし穴にも、十分に気をつけたいところ。相手は話を合わせただけで悪気はなかったのに、あるいは勇気を出して忠告してくれたのに、自分の怒りにお墨付きを与えるべく、「親（家族）の悪口を言うのは失礼だ」という〝正義の鉄槌〟を振りかざしてしまうケースは、よくあります。

それはそれで乱暴で失礼な態度。激しく腹が立つ背景を意識することで、怒りっぽい人のレッテルを貼られたり、嫌う必要がない人を嫌ったりするリスクを減らせます。

ここぞの時は反撃！

もちろん、明らかに悪意を持ってバカにしてきた場合は、相手が目上だろうが何だろうが、きっちり反撃しましょう。

「親の躾がなってないんだね」

「まったく、ひとり親はこれだから」

こういうことを大勢の前で言ってくる人は、実際にいます。胸倉をつかむだけが反撃ではありません。大人の対応で、相手にダメージを与えつつ、周囲に「やるなあ」と思わせてしまうのがオススメ。

「ウチの親は、たしかに至らないところだらけでした。でも、おかげさまで、よその親をバカにするような恥ずかしいことはするなという躾は、しっかり受けています」

こう言ってやるもよし、思いっ切り冷たい目で、

「そうやってよその家族をバカにするのは、楽しいですか？　楽しいなら、好きなだけどうぞ」

と言ってやるもよし。何も言い返さず、自分の中で怒りや恨みを熟成させてしまうのは、自分自身に対して失礼です。ここぞという場面で繰り出せるように、イメージトレーニングを重ねておきましょう。

「親や家族の悪口」が大ごとに発展しがちなのが、夫婦間で相手の親に向けられた場合。不用意なひと言が引き金となって、離婚につながることも少なくありません。

夫の親が頻繁にアポなしで家にやって来たり、妻の親が要りもしないものを大量に送り付けてきたり。そうした「迷惑な被害」を受けると、自分の怒りを正当化するために、相手の常識のなさや思慮の浅さを責めたくなります。

しかし、ストレートに責める言葉を口にしたら、ケンカになるのは必至。売り言葉に買い言葉で、相手もこっちの親への不満をぶつけてきそうです。そんなときは、

「気持ちは嬉しいけど、できればこうしてくれるとありがたい」

と具体的に提案し、それを相手から伝えてもらうことで、穏便に事態の改善を試みるのがセオリー。

夫婦で話しているときに、配偶者が親の悪口めいた言葉をうっかり口にすることもあります。スルーできない内容だったら、

「そう言わないでよ。ああ見えていいところもあるんだから」

「言いたい気持ちもわかるけど、家族としては悲しいな」

と釘を刺しておきたいところ。自分が言ってしまったときは、素早く謝るのが大人のたしなみです。

感情の赴くまま「許せない！」と息巻くのは、それほどカッコいいことではありません。あの手この手で衝突を避け、相手の気持ちも自分の気持ちも大切にする――。それが失礼という魔物との戦い方です。

結婚の話題という危険地帯

突然ですが、当研究所に寄せられた怒りの声をお聞きください。Aさん（女性、40代）の証言です。

「おもに年上の男性から、よく『なぜ結婚しないの？』と聞かれます。それはもう慣れました。でも、このあいだは『いやあ、したいんですけどね』と適当に流したら、続けて『したほうがいいよ。できない原因は何だと思う？』と言ってきたんです。さすがに絶句しましたね。しかも、その人バツイチなんです」

Aさんは、心の中で「結婚に失敗したお前が、なんで独身に結婚を勧めたり、独身の理由を詰めたりしとるんじゃ、ゴルァ！」と突っ込んだとか。ごもっともです。

「なぜ結婚しないの？」という質問は、おもに既婚者男性（バツあり含む）から、30代後半以上の独身女性に向けて発せられがち（当研究所調べ）。男性が尋ねられることは、女性ほど多くありません。

こういう話になると「結婚しない理由を聞いて、なにがいけないのか！　気にし過ぎだ！」といきり立つ人もいます。

男女問わず、好意を抱いている相手に対して、今後の交際を視野に入れつつ、遠慮がちに「結婚なさっているんですか？」と尋ねることはあるでしょう。それは微笑ましいだけで、失礼でも何でもありません。

しかし、既婚者が独身女性に「なぜ結婚しないの？」と聞くのは、話が違います。たいていは無意識にですが、優位に立った気になりたいとか、気にしてそうな部分をついて嫌な気持ちにさせたいといった「邪悪な動機」がほとんど。聞かれた側が不愉快になるのは当然です。

「単なる好奇心だ！　既婚か未婚かで優劣を付けてはいない！」と言い張りたい人もいるでしょう。それも自分に都合がいい言い訳。

「好奇心」だとしても、プライバシーにずかずか踏み込む無神経さや、相手が不快に感じるかどうかはお構いなしで、自分の欲求を満たそうとする図々しさは、十分すぎるほど失礼です。「単なる好奇心」だからと、女性にバストのサイズを聞いていいことにはなりません。

友人の大人なリカバリー

「結婚がらみの失礼」となると、祝儀袋に入れるのは新札じゃないといけないとか、金額は2万円はダメだとかいやOKだとか、内祝いにお茶は縁起が悪い、といった話になりがち。しかし、そのへんは「守りたい人が守ればいい」という程度で、たいした失礼ではありません。

相手に「こんなことも知らないんだ」と思われたくなければ、ひと通りのことをチェックしておけばいいだけ。披露宴に出席する際のマナーも、結婚をどんな順番でどのように知らせるかも、ベースに「周囲や相手が不快にならないための気遣い」があれば、致命的な失礼をしでかすことはないでしょう。

それよりも「上司である俺がまだ聞いていないのはどういうことだ」と当事者に文句を言ったり、「あの人は、ご祝儀袋の折り方が上下逆だった」と陰で話したりするほうが、よっぽど失礼。自分のメンツにこだわったり、マナーの「間違い」を見つけて非難したりするよりも、気持ちよく祝福したりされたりするほうが、何十倍も大切です。

なんて偉そうに書いていますけど、私も30年ほど前、結婚する同級生にとんでもない失礼をしでかしました。飲み会で「秋に結婚するんだ。披露宴に来てね」「おめでとう。

行く行く」という話をして、そのまま数か月。いっこうに招待状が届きません。別の友人には届いたようです。心配になって、本人にその旨を伝えました。

今考えれば、人数の都合か気が変わったかで、リストから外れてしまったんだとわかります。残念ですが、それは仕方がないこと。催促された友達は、きっと焦っただろうし、「たしかに『来てね』と言ったしなあ……」と悩んだに違いありません。数日後に電話があり、

「ごめんごめん。何通か招待状が戻って来ててさ。住所を書き間違えたかも。もう一回、確認させて」

と言われました。あらためて思い返すと、なんて素晴らしい大人なリカバリーでしょう。今もその彼とはたまに会いますが、招待状の真相を尋ねたことはありません。

恥ずかしい話を長々と書いてしまいました。「披露宴の招待はけっして催促してはいけない」という反面教師になれたら幸いです。

世の中には、結婚すると聞くと、たいして親しくなくても、祝福のつもりで「披露宴に呼んでね！」と言う人もいます。多くの場合は「社交辞令」として流してもらえるでしょう。ただ、「呼んだほうがいいかな」と悩ませてしまう可能性もなくはありません。

言った側だって本気で出席したいわけではないので、お互いに不幸になります。昨今はコロナの影響で披露宴のあり方が変わり、このへんの問題はさらに複雑化しました。相手を困らせる迂闊な発言は控えましょう。

既婚のほうがエライ?

冒頭の怒りの声に関連したパターンですが、「いい人がいなくて」と返したら、高い確率で、

「理想が高過ぎるんじゃないの」

「選り好みし過ぎじゃないの」

などと〝独身である理由〟を推測されがち。もし身に覚えがあって「親切のつもりだったのに」と思っているとしたら、猛省が必要です。

「結婚していない人にはわからないと思うけど」

「独身は自由でいいよね」

「老後はどうするの」

既婚者は独身者に対して、こうしたセリフも言いがち。既婚だから老後は安心とか寂

しくないとか、そんな保証はぜんぜんありません。

逆に、独身者の側が、

「なぜ結婚なんてしたんですか?」

「ひとりの相手や家庭に束縛される生活なんて自分にはできないな」

そんな失礼なセリフを口にしたとします。しかし、失礼という印象が弱いのはなぜでしょうか。もしかしたら、失礼と感じないこと自体が、すごく失礼かもしれません。

人は誰しも自分を肯定したいもの。既婚者は既婚の自分を肯定したいし、独身者もしかり。それはぜんぜんかまいません。いっぽうで、既婚者はもとより独身者も、多くの人は「結婚して一人前」「結婚したほうが幸せ」という根拠のない刷り込みに縛られています。そこが、結婚の話題をややこしくしている元凶と言えるでしょう。

とくに既婚者の側は、失礼の落とし穴にはまらないように、くれぐれも注意したいところ。まずは「既婚のほうがエライ」という恥ずかしい勘違いを捨て去ることができたら、リスクはかなり低くなります。

「嫁」をイビりたい人たち

「週末は嫁の実家に行っていた」

何気なく発したこのセリフが、あなたの人格的な評価を大きく下げることになるかもしれません。

「あっ、これウチの嫁です」

夫婦で買物をしていたら、知り合いにバッタリ。妻を紹介したこのセリフが、夫婦のあいだに修復不可能な亀裂を作るかもしれません。

ここ数年、男性が自分の配偶者を「嫁」と呼ぶことに対して、不寛容な人が増えています。そういう人は誰かが「嫁」を使っているのを見ると、「ケシカラン！」「目覚めよ！」と詰め寄らずにはいられません。

数年前、ある企業のツイッター公式アカウントが〈嫁から「とりあえずこれを読めと〜〉と書いて、炎上しました。後日、「不適切な表現」だったとお詫びする羽目になります。ダジャレが言いたかっただけかもしれないのに……。

俳優の松山ケンイチさんがあるテレビ番組で、妻で女優の小雪さんを「嫁」と言ったところ、SNS上で激しいバッシングが沸き起こったこともありました。それ以後、松山さんは小雪さんについて語るときは、「妻」を使っています。

「嫁呼び」を批判する人は、当人がどういう意図で「嫁」を使ったかや、地域によってのニュアンスの違いなどは、まったくおかまいなしです。言われた当人の気持ちも関係ありません。聞きかじった理由をくっつけ、執拗に「嫁」という呼び方を非難します。ある意味「嫁呼びイビリ」と言っていいでしょう。

「言葉狩り」だけでは本末転倒

「嫁は〝女が家に入る〟と書き、男尊女卑の考えに基づいている」

40年ほど前に大学の講義で、女性学を研究テーマにしている男性の先生が、こう力説していました。

「『奥様』や『家内』や『ご主人』も使うべきではない！」

そうも言っていました。女性を奥や家の内に置いておこうというのはナンセンスだ、まして夫の使用人ではない、という話でした。

一瞬、なるほどと思いましたが、考えてみたら、使われている実際のニュアンスはかなり違います。理屈で「ダメな言葉」のレッテルを貼るのはどうなのかと、ちょっと反発を覚えました。ただ、多少は影響されたのか、個人的には「嫁」も「家内」も使ったことはありません。

「嫁」を批判する文脈で、最近になって盛んに言われ始めたのが「本来は息子の妻の意味」という主張。しかし「嫁（ヨメ）」は、とくに関西では、カジュアルに親しみを込めて自分や友人の妻を指す言葉として、一般的に使われています。

ここ10年ぐらいでしょうか、関西のお笑い芸人などの影響で、全国的にも妻を嫁と呼ぶ〝文化〟が広まりました。家制度云々への意識が薄れたからこそ、適度にくだけた響きにひかれて使う人が増えたように感じます。そんな背景が、昨今の「嫁呼びイビリ」の盛り上がりにつながっているのかもしれません。

「本来は」と言い出したら、「女房」は宮中の言葉だし、「旦那」だって檀家やスポンサー、雇い主のことです。現在の使い方は、立派な誤用になってしまうでしょう。

「嫁は息子の妻の意味だから、自分の妻に使うべきではない」という論理は、絵に描いたような結論ありきのこじつけ。「2回のノックはトイレだから、部屋に入るときには

3回以上ノックすべし」という「なんじゃそりゃビジネスマナー」と五十歩百歩のくだらなさです。

「自分の妻を嫁と呼ぶ夫」と「嫁という呼び方にケチをつける他人」のどっちが失礼かと言えば、後者の圧勝です。もちろん、男女ともに幸せになるためのジェンダー平等は、ぜひ実現したいところ。しかし、残念で根深い差別意識は、呼び方をどうこうした程度で揺らぐほどヤワではありません。

些細な点を問題視しても、「大きなお世話だ」と反発されたり、言葉を狩ればいいと思っている浅はかな印象を与えたりして、むしろ本来の目的の足を引っ張ってしまうでしょう。しかも、「妻を嫁と呼ぶ男性&呼ばせている妻」の人間性を偏見に基づいて否定し、差別しようという失礼千万な意図がチラつきます。世の中から偏見や差別をなくすための問題視のはずなのに……。

配偶者のことを第三者に語る際にどう呼ぼうが、他人が立ち入る話ではないはずです。「嫁」「妻」「女房」「ワイフ」「山のカミ」「ハニー」、そして「主人」「夫」「旦那」「宅」「宿六」「ダーリン」……。それぞれのキャラクターや夫婦の関係性や言語感覚に合わせて、しっくりくるのを選べばいい話です。

もちろん、呼ばれる側が納得しているのが大前提。「嫁って呼ばれたくない」「主人は嫌だなあ」と言われたら、あっさり引っ込めて別の呼び方を考えましょう。「自分は○○と呼びたい！」と、我を通すほどのことでもありません。

肝心なのは「どう見られたいか」

悩ましいのが、よその夫婦の配偶者を呼ぶ場面。「あなたの夫」「キミの妻」は堅苦しいし、ぞんざいに響きそうです。いちおう敬意も示せて無難なのは、やはり「ご主人」「奥さん」でしょうか。

しかし、相手は配偶者をそう呼んでほしくないかもしれません。やや遠い関係の相手なら、意に沿わなかったとしても相手はスルーしてくれるでしょう。気をつかったつもりで、目上の人に「お連れ合い」や、近頃台頭している「夫さん」「妻さん」を使うのは、いささか無謀です。

友達や同僚の場合、いちいち引っ掛かりを感じさせる失礼は避けたいところ。下の名前をさん付けで呼ぶのはひとつの方法ですが、それだと馴れ馴れしすぎる気がしたら、「えっと、キミの奥さん……というかパートナーは」

そんな感じで呼び方を模索している様子を見せて、相手の反応を窺うといいかも。「夫の人」「妻の人」という呼び方も、一部で重宝されています。相手が配偶者をどう呼んでいるかも、どの呼び方が適切かを探るヒントになるでしょう。

どんな言葉を使うかは、一種の自己主張という面もあります。「偏見に基づいたレッテル貼り」には気をつけたいところですが、言葉ごとにイメージが伴うのは避けられない宿命。妻を「ワイフ」と呼ぶ人が、一定の確率で「気取ったヤツだな」と思われるのは仕方ありません。

「嫁」にせよ「連れ合い」にせよ、使う側には「こう見られたい」というイメージがあります。そしてイメージは、時代によって変化します。誰もが自分の好みで自由に呼び方を選んで、ごちゃごちゃ言わずに他人の選択を尊重する。それが「多様性を認め合う社会」ってヤツです。

離婚した人を傷つける禁句

この20年ぐらいの日本では、大まかに言って結婚した夫婦の3分の1が離婚しています。離婚はすっかり当たり前で身近なことになりました。だからといって、当事者にとって重くてデリケートな問題であることに変わりはありません。

「離婚する人は人間的にどこか欠陥があるんじゃないかな」

「近ごろの若い人は我慢が足りないから、すぐ別れちゃうよね」

さすがに令和の今、当事者が目の前にいないとしても、こんな暴論を口にする人は(ほぼ)いなくなりました。心の中で思っている人はいそうですが、その困った性根を叩き直すのは極めて困難であり、そもそも当研究所の手には負えません。

ここでは「離婚した人」に対して、よかれと思ってかけた言葉が、むしろ相手を傷つける刃になるケースについて考えてみましょう。

ひと口に「離婚した人」といっても、「離婚したばかりの人」と「ずっと前に離婚した人」とでは、気をつけるポイントが違ってきます。まずは、つい気がゆるみがちな後者について。当研究所に、こんな声が寄せられています。

「息子が成人したとき、友達に『あの子もたいへんだったね』と言われたんです。責める意味じゃないのはわかってるんですが、離婚しなかったらもっといい子に育ったって意味かな……とか思っちゃって」

ねぎらうつもりだとしても、いささか不用意。本音はさておき「いい子に育ったね」と前向きな言葉をかけるのが、友達の務めです。

「僕がバツイチだと知った男性上司が『ウチもピンチはあったけど、別れなくてよかったよ』と。何が言いたかったんでしょうか」

要は「自慢」ですね。結婚生活が続いている人は、現状が幸せかどうかはさておき、離婚した人を見ると威張りたがる傾向があります。かといって、うらやましがればいいわけではありません。友達から、

「私も早くあんな旦那に見切りをつければよかったな。ひとりで気楽に生きてきたあなたがうらやましい」

と言われて顔で笑って心で泣いたというケースも。自虐を装ってはいますが、よりタチの悪い「自慢」でしかありません。

注意すべき言葉5選

どんな「失礼」にも言えますが、何が失礼で何が失礼でないかは、相手との関係性で違ってきます。明確なノウハウや線引きはありません。踏み込んだひと言で、相手を喜ばせて距離が縮まることもあれば、激しく怒らせることもあります。そこが人間関係の難しさであり、醍醐味でもあると言えるでしょう。

それを踏まえた上で、デリケートな状態にある「離婚したばかりの人」を傷つけるセリフには、どんなものがあるのか。友達や同僚から「じつは離婚した」という話を聞いたときに、うっかり口にしそうなトップ5はこのあたり。

●「どうして離婚したの？」

↓ひと言では説明できません。一方的に相手が悪いとしても、相手の悪口を言わせることになります。それ自体も不愉快なのに、こっちがうっかり「それはひどいね」と同意したら、それはそれで腹が立つでしょう。自分が悪かったとしても、あえて話したくはないはずです。

●「もっと早く相談してくれればよかったのに」

→相談するほどの相手（関係）ではないと思われているから、相談されなかっただけ。自分のアドバイスで離婚を防げていたと思うのは、ずいぶんな思い上がりです。あるいは、遠回しに「俺（私）に断りもなく」と言いたいのかも。親切そうな態度で、当人同士が考えて出した結論にケチをつけるのはやめましょう。

●「そうなんだ、かわいそうに」

→「やさしく慰める自分」に酔いたい気持ちはわかりますが、この言葉は離婚という決断をした当事者に対する侮辱でしかありません。離婚を選んだのは、かわいそうな状態から抜け出して、かわいそうじゃない自分になるためです。

●「親同士は仕方ないけど、子どもはかわいそうだね」

→さっきと同じ「かわいそうという暴力」です。当事者は誰よりも真剣に子どものことを考え、さんざん迷った末に離婚を選んだに違いありません。まして「子どものことを思ったら、離婚しないほうがよかったんじゃないの」は、傷口にタバスコを塗り付けてライターであぶるぐらいの残酷で無神経な発言です。

●「お金のほうは大丈夫？」

→大きなお世話です。通常、友人同士で相手の経済状況を心配して、それを口にすることとはないはず。ところが離婚した人には、心配のフリをした大きなお世話をぶつけていいと思ってしまう人が少なくありません。仮に苦労することになるとしても、当事者は十分に考えた末に出した結論です。慰謝料や養育費のことをしつこく聞くのも、卑しいやじ馬根性でしかありません。

ほかにも「きっと離婚すると思ってたよ」「よくあることだから、どうってことないよ」なども、相手を傷つける可能性が高いでしょう。

親が離婚した子どもにも…

「離婚した」と聞いたときに、積極的に言ってあげたいのは「がんばったね」「たいへんだったね」「おつかれさまでした」というねぎらいの言葉。離婚するための交渉や手続きに苦労しているのを知っていた場合は、「そうか、おめでとう」「ようやくひと区切りだね」でもいいでしょう。

それ以上の具体的な詮索は、相手が言いたがっている場合以外は、まったく必要ありません。離婚してから時間がたっていても、再婚を前提に付き合っている関係でない限り、「どうして離婚したの?」という質問はタブー。同窓会とかで飛び出しがちですが、相手の深い傷をえぐる可能性があるのに繰り出しているわけで、極めて悪趣味です。

当事者だけでなく、気をつけたいのは「親が離婚した子ども」に対する失礼。話の流れで、父親か母親がいないとわかったときに、善良ぶるつもりでやりがちなのが、「ごめんね」と謝ってしまうこと。

ある程度の年齢の子どもは、「ひとり親＝よくないこと」と見られていると感じそうです。憐れみの気配を感じて傷つくケースもあるでしょう。「気の毒にね」は論外です。「生き方は人それぞれ」「結婚していれば幸せとは限らない」と頭ではわかっているつもりでも、とくに自分が既婚者だと、離婚した人の〝責めどころ〟を無意識に探してしまいがちです。「自分は違う！」と言い張る人ほど、きっと危険。人はそういう悲しくて情けない性質を持つ失礼な生き物である、と謙虚に自覚して気を引き締めましょう。そのほうが、失礼という刃で相手を傷つける危険性は抑えられそうです。

本当はこわい冠婚葬祭の掟

新型コロナウイルスは、私たちの生活にさまざまな変化をもたらしました。そのひとつが、葬儀は基本「家族葬でＯＫ」になったこと。ありがたいと思っている人は、遺族側も含めて多いでしょう（葬儀業界の関係者は別として）。

お世話になった方や仲が良かった人が亡くなれば、もちろん残念だし悼む気持ちもあります。しかし、葬儀に行っても当人に会えるわけではありません。家族をよく知っている場合は慰めの言葉をかけたいけど、とくに告別式だと長くは話せないケースがほとんどです。

私の場合は結局、おもに「行かないと後ろめたいから」という理由で、慣れないネクタイを締め、香典を包んで参列していました。故人をよく知らない義理がらみの葬儀の場合は、気の進まなさもひとしおです。

心が冷たい失礼なヤツですみません。そんな了見なので、いわゆる「冠婚葬祭のマナー」には無頓着です。香典袋に入れるお札の向きには決まりがあるようですが、気にしたことはありません。遺族の側だって、取り出すときに向きを気にするほどヒマじゃないだろうし。

この項のテーマは、失礼とは縁が深い「冠婚葬祭」です。いわゆる定番のマナーやお作法は、詳しく書かれた本や記事が山ほどあるので、そちらをご参照ください。ひと通り覚えておくと、いろんな場面で落ち着いて臨めるでしょう。

「冠婚葬祭の掟」の本当の〝こわさ〟は、知らなくてうっかりやらかしたとか、そういうところにあるわけではありません。「自分は完璧」と思っている人ほど、根深い失礼をしがちという一面があります。

冠婚葬祭にまつわる、こわい落とし穴について考えてみましょう。

お通夜で激怒して…

かなり前に参列した親戚のお通夜で、別の親戚のおじさんが、祭壇を見るなり激怒しました。

「誰だ、○○さんの供花をこんな場所に並べたのは！」

どうやら「上座・下座」的なことを指摘していたようです。葬儀屋さんがあわてて場所を入れ替え、ご主人を亡くして悲しみにくれている喪主の奥さんが、おじさんに平謝りしていました。それでもおじさんの怒りは収まらず、奥さんへのお説教がしつこく続きます。

人生において、あれほど失礼千万な場面は見たことがありません。掟破りの並べ方だったとしても、葬儀の最中に喪主を叱りつけ、会場の雰囲気を最悪にせねばならないほどの過ちではないはず。

だけどおじさんは、自分の知っている「正解」とは違うと気付いた瞬間、もっとも大事な「喪主の気持ちを思いやる」ことを忘れてしまいました。このおじさんほどではないにせよ、掟という魔物に操られ、細かいケチをつけて当事者に辛い思いをさせる人は、しばしばいます。

結婚式の場合も同様。葬式もですけど「慣れている人」はいないので、多少の落ち度は仕方ありません。舞い上がって、周囲が目に入っていないこともあるでしょう。

気が回らないタイプの新郎新婦が、披露宴のあいだじゅう仲のいいグループとばかり盛り上がっていたり、新しく親戚になった新郎や新婦に「これからよろしくね」と挨拶に行ったのに、「はあ」と子どもっぽさ丸出しの塩対応をされたりするのは、まあよくある話。

ムカッとはしますが、心の中で「そういうヤツなんだな」とガッカリしておけば十分です。あとで当人に注意しても「うるさいな」と思われるだけで、けっして反省なんかしません。どこかで陰口を叩いたら、自分の株を下げてしまいます。

葬儀にせよ結婚式にせよ七五三にせよ年中行事にせよ、もっとも大切なマナーは「多少のことには目をつぶる」ということ。地域による風習の違いもあれば、当事者の考え方や事情もあるし、対応力の限界もあります。「そのやり方はおかしい」と指摘するのは、失礼で迷惑な所業でしかありません。

当研究所に寄せられた報告で、こういう事例がありました。

「子どもが小学校に入学するとき、両方の実家から何の相談もなくランドセルが届きました。ウチの実家は『女親の実家が買うものだ』と言うし、夫の実家も『男親の実家が買うのが当然だ』と譲らなくて……」

片方だけを使いましたが、たまにもう片方を背負った姿を写真に撮って送るという面倒なことをしたとか。それをきっかけに、両方の実家から足が遠のいたそうです。

どちらの実家も、それぞれ「当然の掟」があったのでしょう。相談なしというのもすごい話です。掟を守ったおかげで、残念な状況を招いてしまいました。掟のせいというより、両方がチンケなプライドに支配されていたせいかもしれません。いずれにせよ、こわいことです。

「きちんと」が裏目に

掟という強力な存在に振り回されないために、念入りに自分に言い聞かせておきたいのは次の3点。

「マナーに普遍的な正解はない」

「ほとんどの状況では『正解』より大事なものがある」

「自分が抱いた怒りは、たいていの場合『顔をつぶされた』的なセコい了見から生まれている」

じつは、どんな失礼にも当てはまる話です。とくに冠婚葬祭は、関係者全員がテンパっていて、「きちんとやらなければ」と気負っている分、ムキになりがち。地域や家ごとの風習の違いなんて、生真面目に衝突してないで面白がればいい話なのに。

「きちんとした人」であろうとする思いが裏目に出るケースもあります。ありがちなのは次の5例。

・葬儀の場で遺族に死因や闘病の様子を根掘り葉掘り聞く（あらためて悲しい思いをさせるだけです）

・他人なのに、家族葬に無理やり押し掛けて「気持ち」を見せつける（気をつかわせるだけで迷惑です）

・出産した母親に分娩時の様子や痛さの具合を根掘り葉掘り聞く（本人が話したいならいいんですけど）

・それほど近い関係でもないのに、結婚祝いや出産祝いを贈る（お返しに頭を悩ませなければなりません）

・七五三など孫関連の行事で祖父母を遠慮なく振り回す（なるべく付き合いたくても、体力の限界や距離などで辛いケースはありそう）

冠婚葬祭のマナーやルールがしっかり決まっているのは、悪いことばかりではありません。おかげで、主催側も参加する側も無難に体裁を整えられる一面もあります。

掟と適度な距離を取りつつ、いかに気持ちを込めるか。大人の知恵と技を存分に発揮しましょう。

人様の「好き」を否定する

「目玉焼きには何をかけますか？」

この問いにどう答えるかによって、人類はいくつかのグループに分断されています。今日も世界のあちこちで、意見の違う者同士が激論を戦わせているとかいないとか。

ソースでも醤油でもケチャップでも、あるいは塩だけでも、結局は「その人の好み」です。何をかけるのが好きか、そこには正誤も優劣も善悪もありません。

「ソースをかけるなんて邪道だ。そんなの本物の目玉焼きじゃない」

「まったく、何でも醤油をかければいいと思って。生き方が安直だよ」

プロレス的な「言い争いごっこ」ならさておき、もし本気でそんな主張をされたら、言われたほうは怒るより呆気にとられるでしょう。

話が目玉焼きの場合は、人様がどんな食べ方をしようが、それぞれの「好き」を尊重すればいいと、多くの人が思います。しかし、ほかの「好き」にも、その原則がすんなり当てはまるとは限りません。

「あのコラムニストが好きなの？」

「コシのないうどんなんて……」

こうした言い方で、人様の「好き」に異を唱えたり否定したりするケースは多々あります。もちろん、言う側に悪気はありません。

いっぽうで、言われる側が「自分の『好き』を否定するな！」とムキになって反発するのは、それはそれで失礼というかもったいない話。違う意見を拒絶していたら、発見や変化の可能性を閉ざすことになります。もしかして目玉焼きにオリーブオイルをかけたら、衝撃のおいしさかもしれないのに。

大きなお世話とわかっていても、なぜ私たちは、人様の「好き」を否定してしまうのか。知らないうちに不愉快を振りまいてしまわないように、じっくり考えてみましょう。

まずは「いいねえ」から

ありがちなのが、些細なことのようでじつは根が深くて、本人はまず自覚していないパターン。どんな話題のときも、とりあえず「でも」という接続詞をつけて、否定から話を始める人がいます。

「あのドラマ面白いよね」

「でも、主演女優がねえ」

たとえば、こんな調子。「面白くない」と否定したわけではありませんが、こう言われたら相手は一気にテンションが下がります。

「お寺巡りが好きでさ。このあいだも鎌倉に行ってきたよ」

「でも、人が多いよね」

やり取りをこうして文字にすると、「まずは『いいねえ』だろ！」と机を叩きたくなります。自分にそういう癖がないか、胸に手を当てて考えてみましょう。

否定から入るのは、「自分のほうがよくわかっている」「自分はこんなに深い洞察力がある」と見せつけたいから。しかし、本人の願望とは裏腹に、うっとうしさや底の浅さしか見えてきません。

ニュースサイトのコメント欄やSNSでも、「でも」「だけど」で始まる書き込みをよく目にします。しかし、そこから有意義な議論になったり、「なるほど」と膝を打ったりすることはまずありません。片や「そうですね」で始まるコメントは、中身がある可能性が大です。

とりあえず否定で返す癖はない人でも、うっかり「えっ、あんなの好きなの」と言いがちなのは、映画や音楽や本などの〝文化的〟な分野。自分は自分で好きな作品やジャンルがあると、相手の「好き」より自分の「好き」のほうが価値があると言いたい気持ちが湧いてきます。

「映画は社会派ドラマもいいけど、最近は一周まわって特撮モノかなって思ってるんだよね」

などと、暗に「お前はわかってない」と相手を否定することで、知性や教養を示した気になる——。甘い誘惑ではありますが、相手は間違いなくカチンとくるし、外野から見るとけっこうみっともない図式でもあります。

言わずもがなですが、政治の話題で相手の「好き」を否定するのは、ひじょうに危険。どういう政治信条に共感を覚えるかは、生き方や人間性全般に深く関わっている気がします。それだけに、

「あんな政党を支持するなんて何考えてるんだ。頭は大丈夫か？」

などと言われると、全人格を否定されたと感じてしまいます。相手は相手で「そっちこそ、頭は大丈夫か？」と思うので、激しい対立に発展せざるを得ません。

目の前の相手だけでなく、世の中に存在する「政治に関して別の『好き』を持つ人たち」への怒りは、気持ちよくエスカレートしがち。左右関係なく、激しく怒ることで何かを成し遂げた気になっている人は、少なくないようにお見受けします。

政治と並ぶデリケートな「好き」といえば、昨今話題の宗教。どんな宗教にせよ、しつこく勧誘されたりした場合は、毅然とした対応が必要です。そうじゃない状況で、いろいろごっちゃにしてカルト扱いしたり、笑い話のネタにしたりするのは慎みましょう。それは「世の中の風向き」という虎の威を借りて、相手の大切な「好き」を踏みにじっている極めて失礼な態度です。

アドバイスかマウントか

いわゆる「推し」や趣味に関しては、ケンカを売るつもりじゃない限り、迂闊《うかつ》に人様の「好き」を否定する人はいないでしょう。「それをしたら面倒臭いことになる」という認識は十分に広まっています。

「よかれと思って」否定しがちなのが、ライフスタイルに関するあれこれ。結婚するかしないか、仕事を重視するかプライベートを重視するか、持ち家か賃貸か……などなど。

これらも広い意味では「好き」の問題です。他人が「どうしてそっちなの」「こっちがいいよ」と口出ししていいことではありません。

失礼な「否定」と、見聞を広めてくれる「異なる視点からのアドバイス」は、どう違うのか。

根底に「優位に立ちたい」「賢いところを見せたい」という動機がある、いわゆるマウントを取りたいがための否定は、失礼で不愉快な性質をまといます。

威張りたいという下心はまったくなく、親切心で「こういういいものもあるよ」「こう考えてみたらどう」と提示する分には、それこそ否定される筋合いはありません。ただ、区別は難しいですけど。

聞く側としては、相手がマウントを取りたがっている気配を感じたとしても、そこはスルーするのがオススメ。被害者意識をふくらませて「相手を責めていい特権」を得た気になったところで、ストレスや不毛な怒りが増えるだけです。

勝手に「ありがたいアドバイス」と思ったほうが得だし、勘違いだとしても困ることはありません。

5 根源的な失礼

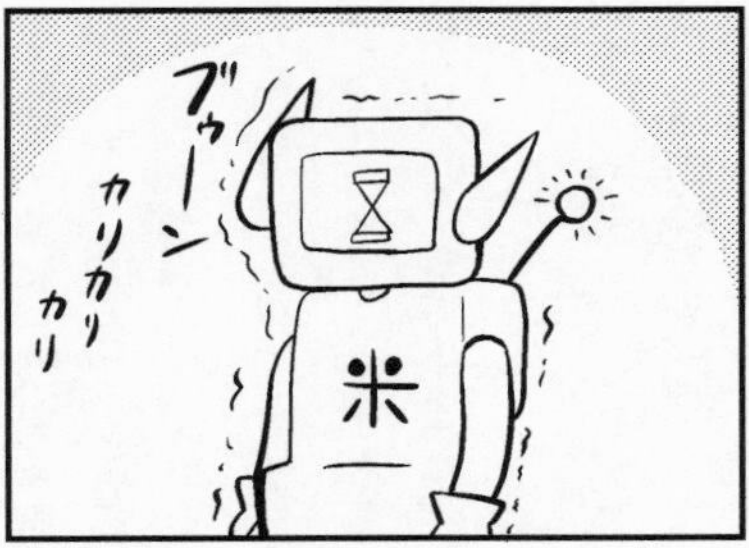

「失礼」の古典を読み返す

失礼は世につれ世は失礼につれ。時代の変化とともに、失礼も変化します。いっぽうで、今も昔も変わらない失礼もあります。両方を検証することで、「失礼の本質」に触れられるかもしれません。

半世紀以上前の1970（昭和45）年1月30日、その後の日本における「失礼の基準」となった一冊の新書が出版されました。タイトルは『冠婚葬祭入門』（光文社）。著者は茶道家の塩月弥栄子先生。裏千家家元の長女として生まれ、テレビ番組「私の秘密」などでも活躍していました。

この本は300万部を超える大ベストセラーとなり、同年10月にすかさず出版された『続冠婚葬祭入門』や、翌年3月出版の『続々冠婚葬祭入門』も大ヒット。続や続々では、冠婚葬祭に加えて日常生活や会社生活、男女交際のマナーなど、あらゆる場面を網羅しています。

当時は高度経済成長真っただ中で、親元を離れて都会で暮らす若者が急増。そんな彼ら彼女らにとって、このシリーズは救世主でありバイブルだったと言えるでしょう。

「新築祝いには、火を使う道具を贈らない」「目上に『ごくろうさま』とは言わない」など、このシリーズで広まって〝常識〟になったと思われるマナーは少なくありません。

また、見合いの掟や飛行機でのタバコの吸い方など、今は必要がなくなったマナーもあります。

温故知新というか基本に立ち返ってというか、令和の失礼研究における重要な古典的文献である『冠婚葬祭入門』と『続～』『続々～』の3冊を熟読し、着目すべき項目をピックアップしてみました。

50年前の「失礼」とは

まずは「今となっては逆に失礼になりかねないマナー」から。もちろん、半世紀前にそれを提唱した塩月先生は何も悪くないし、批判するつもりは毛頭ありません。すべては時代が変わったせいです。

【結婚祝い品は、なるべく挙式の一週間ぐらい前までに持参したい】
→別のページには「(やむをえず)式当日になってしまった場合は、現金を包む」というアドバイスも。今は「事前にお祝いの品を持っていきたい」と言ったら、けっこう戸惑われそうです。

【初七日をすぎてから弔問に行くのもよい】

→遺族が何かとあわただしい通夜や告別式には弔電を打つぐらいにしておき、日がたって落ち着いた頃にご自宅を訪ねて、ゆっくり故人をしのぶのもいいと勧めています。故人との関係性にもよりますが、そんな調子でいろんな人に次々に家に来られたら、遺族はたまりませんね。

【「電話で失礼。」ではない】

→昔は電話より訪問のほうがていねいとされていたけど、時間をとられる訪問より「電話ですむことは電話ですませるのが現代の礼儀」とおっしゃっています。その電話も、メールの普及以降、「いきなりかけるのは失礼」とされるようになりました。いきなりの訪問は論外です。

【隣家からの騒音に悩まされるときは、同程度の音をだすとよい】

→隣家からエレキ・ギターやステレオの騒音が鳴りだしたら、同じような大騒音をだすのがよい。そうすれば相手は非を認めて、騒音が収まるだろうとのこと。ご近所づきあいが濃かった時代には効果的だったかもしれませんが、今だと余計に険悪な事態になる予感しかしません。

現代との大きな違いを感じるのは、ご祝儀やこころづけのお作法。出産で入院したときの「看護婦へのお礼は、婦長を通じてする」や、近所づきあいにおいて「清掃員へのこころづけは戸別にしない」など、当時はさまざまな場面で「出すことが前提」になっていました。

日本旅館の従業員や引っ越し業者にこころづけを渡す習慣はまだ残っていますが、病院のスタッフや清掃員に強引に渡そうとするのは、迷惑だったり失礼だったりする可能性が大です。

今も昔も大切なのは…

続いては、「当時から塩月先生に『よくない』と指摘されていたけど、半世紀後もなくなっていない失礼」を挙げてみましょう。

【披露宴に招かれたら、入口での挨拶は「おめでとう」だけにする】

↓「花嫁に抱きついて『ワァー、ミーコ、きれい。おめでとう！』などと感きわまっているお嬢さんを見かけることがよくあります」と嘆いています。あとがつかえているのに主役を独占するのは困ったもんですが、今でもよく見る光景ですね。

【人前で妻をけなさない】

→多くの男性が「亭主関白」に憧れていた当時ほどではないにせよ、友人などの前では妻をけなしたり偉そうな態度を取る男性は、まだ絶滅してはいません。塩月先生は「妻に対してはもちろん、(いたたまれない気持ちにさせられる)客に対しても失礼」と指摘しています。

【どんな場合も人と笑顔で接する】

→気持ちが表情に出るのは自然のなりゆきではあるものの「相手方にその不愉快さや、立腹や、悲しみが無関係なとき、あなたがそんないやな表情で接するのは、この上もなく失礼なことです」と、塩月先生は言います。不機嫌な態度がいかに周囲に気をつかわせるか、それをわかっていない人は今も多いですね。

【電話が終わったら、相手が目上、目下にかかわらず、すぐ受話器を置かない】

→昨今は電話をする機会が減ったこともあるのか、切るタイミングに無頓着な人が増えている印象があります。ビジネスの電話では「かけたほうが先に受話器を置くのがルール」で、先生は「すぐ切らないで、一呼吸待ってから静かに受話器を置く」ことにしているとか。

【上役と意見が違うときは、一度同調してから反対意見を言う】

↓塩月先生は「正義感のあまり、上役を言い負かすような態度をみせては逆効果です」とアドバイス。いつの時代も若人は、つい正面から反論してしまいがちです。まず「まったくそのとおりですが」などと同調しておくのは、自分の意見を聞いてもらう有効な作戦に他なりません。

このシリーズが大ヒットした50年前と比べて、通信手段から人間関係の形まで、世の中はいろんな面で大きく変わりました。ただ、〝失礼の基本〟は、それほど変わってはいません。シリーズ全体を通して、塩月先生は「形にこだわらず、相手の気持ちを考えよう」というスタンスを貫いています。

当時の読者は今、70代から80代。かつては上の世代から、「最近の若者は常識を知らない」と言われまくっていました。その構図を思い浮かべると、常識を知らない若者にも小うるさい高齢者にも、ちょっぴりやさしい気持ちになれますね。

被害者の〝落ち度〟を探す

「スキを見せたに違いない。むしろ本人のせいではないか」

「露出度の高い服を着ているから、そういう目に遭うんだ」

性犯罪の被害者は、罵詈雑言を吐くのを生きがいとするネットの匿名野郎だけでなく、身内を含めた周囲からも、あるいは警察官からも、そういった言葉を投げかけられることがあります。

「親切で言ってあげてるんだ」と言い張る人もいますが、傷ついている被害者をさらに深く傷つけるのは、どんな言い訳を引っ張り出してきても、正当化なんてできません。

イジメの被害者に対しても同じ。

「イジメられる側にも問題があったんじゃないか」

「自分にできる対策を取らないから、イジメられるんじゃないか」

イジメる側を責める声より、被害者を責める声のほうが目立つケースは、残念ながらよくあります。

強盗やスリの被害者はもとより、たまたま乗っていた電車で暴漢に襲われた被害者にも、ときには自然災害の被害者にも、世間様は極めて熱心に、本人にもきっと原因があったはずだと考えずにはいられません。

このところよく目にするのが、

「侵略される国の側にも問題があるんじゃないか」

という言い種。有名無名を問わず、しょせんは安全な場所から無責任に眺めている人が、断片的な情報を元に「悲惨な被害を受けている側」の〝落ち度〟を探して、訳知り顔で指摘する——。どうしてそんな無神経なことができるのでしょう。

ちょっと冷静に考えれば、

「被害者の落ち度を探して批判に精を出すのは間違っている。悪いのはあくまでも加害者である」

「こうしたほうが危険が減るという対策の話と、被害者の〝落ち度〟を責める話は、まったく別である」

という当たり前の結論になります。ここで例に挙げたどのケースも、「失礼」という言葉では言い表せないぐらい、苦しんでいる被害者に対して残酷で罪深い愚かな行為に他なりません。

「公正世界仮説」とは

そうした行為を腹立たしく思ういっぽうで、恐ろしいのが、自分の中にも同じ「癖」があると認めざるを得ないこと。正直に白状しますが、これまでに私は、たとえば痴漢のニュースを見た瞬間、反射的に被害者の〝落ち度〟を探したくなったことが何度かありました。

もちろん、次の瞬間に「それは違うだろ」と自分に突っ込みを入れて邪念を振り払います。しかし、なぜ反射的にそう思ってしまうのか、とても不思議でした。自己嫌悪にもさいなまれました。

「おいおい、お前はひどいヤツだな。自分は絶対にそうは思わない。加害者に怒りを覚えるのみだ」

そう自信をもって言い切れる人もいるでしょう。お恥ずかしい限りです。ただ、ふたたび正直に申し上げると、言い切れる人の大半は、自分にウソをつくのが上手か、自分の気持ちを直視するのが苦手か、そのどちらかではないかと……。

ある時、長いあいだ謎だった感情について、腑に落ちる説明をしてくれる理論を知りました。その名も「公正世界仮説」。

世界は公正にできている。理由もなくひどい目に遭うはずがない。被害者には必ず原因があるはずだ。自分はきちんと生きているので、被害を受ける心配はない。……人は誰しも、そういう仮説を信じたい傾向があるという考え方です。

人間は弱い生き物なので、あの手この手で「安心」の手がかりを探さずにはいられません。ひどい目に遭うのが偶然だとすると、自分にも可能性があることになります。自分には関係ないのだと「安心」を得るために、被害は必然だと思い込み、それが高じて理不尽な批判や攻撃をしてしまう。ああ、なんて身勝手な構図でしょうか。

「公正世界仮説」は半世紀以上前に提唱され、研究が重ねられてきました。ここ数年、ネットにおける被害者への誹謗中傷や、貧困問題にまつわる「自己責任論」（貧しいのは本人に努力が足りないからだ）などへの批判の高まりとともに、あらためて注目を集めています。

一時期、新型コロナに感染した人が、「自業自得だ」「感染するような行動をしていたからだ」と強く責められる風潮があったのも、これが影響していると言っていいでしょょう。「自分は感染しないはず」と思い込むには、運悪く感染した人に〝落ち度〟があってくれないと困るわけです。

2020年の夏頃、新型コロナへの感染は「自業自得」と考える人の割合が、日本は各国と比較してとびぬけて高かったという調査結果が話題になりました。「ああ、やっぱり」という印象でしたが、昔から日本には「自業自得」のほかにも、「被害者が悪い」と言いたい諺《ことわざ》や慣用句がたくさんあります。「因果応報」「自分で蒔いた種」「身から出た錆」「雉も鳴かずば撃たれまい」「罰《ばち》が当たる」……。

気をつけているつもりでも、「被害者の〝落ち度〟を責めたくなる」という甘い誘惑は、常に虎視眈々と私たちを惑わそうと狙っています。

〝落ち度〟を探したくなったら

なかなか厄介な「公正世界仮説」ですが、マイナス面ばかりではありません。「努力はいつか報われる」「お天道様は見ている」「正直の頭《こうべ》に神宿る」という前提を信じることで、私たちは日々をきちんと一生懸命に生きることができます。

だからといって、自分の心の平安を保つために、被害者を責めていい理由にはなりません。恥ずかしくて卑劣な失礼を避けるには、どうすればいいのか。「そんなことを考えてはいけませんよ」と自分にお説教しても、たぶん解決しません。

私自身は「公正世界仮説」を知って、大げさに言うと生まれ変わることができました。被害者の〝落ち度〟を探したくなるたびに、武田鉄矢さんの口調で「このバカチンが！」と己を叱責しています。

ほかにも、自分を大きく見せようとしたりなど、私たちの日常生活は、失礼を生む甘い誘惑にあふれています。失礼を追い払うために、ジタバタと戦い続けましょう。

自分が気をつけると同時に、世の中に山ほどいる「被害者の〝落ち度〟を責めるのが好きな人」も、なるべく減らしたいのは山々です。しかし残念ながら、その気持ちよさに溺れている人は、何を言われても自分を変える気はありません。

いつかきっと報いを受けるに違いないと信じて、とりあえずは距離を置きつつ冷たい目で見守っておきましょう。ん？　これは「公正世界仮説」の悪い使い方なのか、いい使い方なのか……。

善意にひそむ凶暴な破壊力

少し前に「千羽鶴」が物議を醸しました。有志の日本人10人が、平和の祈りを込めた千羽鶴をウクライナ大使館に贈る計画があるとニュースで報じられたところ、激しい批判を受けてしまいます。結局彼らは、贈らない決断をしたとか。

詳しい事情がわからないので、このケースについてどうこう言うつもりはありません。あくまで一般論として、今や「千羽鶴を贈る」という行為は、手放しで称賛される〝善行〟ではなくなっています。

大きな災害が起きたときも、被災地に千羽鶴を贈る人が後を絶ちません。現地で大量の千羽鶴が倉庫の貴重なスペースを占拠している写真が話題になったり、これだけ念入りに、被災者にとって「いらない支援物資の代表格」という〝本音〟が聞こえてきたりしているのに……。

病院のお見舞いの定番でもありますが、昨今は「千羽鶴を贈るのはちょっと考えたほうがいい」という認識が広まってきました。衛生上の理由から、千羽鶴の持ち込みを禁止している病院もあります。

実用性がないという点では花も同じ。ただ、花はやがて枯れれば遠慮なく処分できます。しかし千羽鶴は、贈ってくれた人の気持ちや手間を考えると、簡単には捨てられません。もちろん、贈ってくれた相手との関係や贈られたタイミングによっては、素直に感謝感激できるケースもあるでしょうけど。

こんなふうに千羽鶴にケチをつけると、「せっかくの善意を踏みにじるのか！」「善意は尊いのだ！」と逆上する人が少なからずいます。善意なら何をしてもいいわけではありません。千羽鶴に限らず、相手の都合や気持ちを考えない善意の押し付けは、いわば暴力です。

今回は、善意がひそかに抱えている凶暴さと、善意がもたらす失礼について考えてみましょう。

あなたのためを思って

当研究所に寄せられた被害報告や調査を元に、「迷惑な善意」の例を5つに分類してみました。

●善意のアドバイス

「会社の先輩女性のアドバイスが、とにかくうっとうしい。ひと昔前の仕事のやり方を押し付けてくるし、時には『早く彼氏を作らないと』なんてことも。口癖は『あなたのためを思って』です」(20代女性)

先輩にせよ親や身内にせよ、「あなたのためを思って」というフレーズを使う人は、善意という暴力を平気で振るうタイプです。有益なアドバイスをくれる人は、こういう言い方はしません。アドバイスならまだしも、「善意の説教」が好きな人もたくさんいます。

●善意の教え魔

ゴルフ練習場、ボウリング場、釣り場など、さまざまな場所で出没が確認されています。おもむろに近づいてきて「ちょっといいかな。そこは腕をこう折りたたんで」とか何とか……。ただ偉そうにしたいだけだったりしますが、ほぼ例外なく、たいして上手なわけではありません。

SNS上には、プロの漫画家や小説家や写真家に向かって、「もっとこうしたほうが」と教え始める失礼な怖いもの知らずが山ほどいます。きっと本人は、善意で言ってあげているつもりなのでしょう。

●善意の贈りもの

災害が起きたときには、千羽鶴だけでなく、汚れた古着や雑多なガラクタを被災地に送りつける人が、呆れるほどたくさんいるとか。送られた側は無駄な手間が増えるばかりで、一種の二次災害です。「困ってるんだったら、何でも喜べ」という傲慢な了見がなければ、そんな失礼なことはできません。

いわゆるサプライズプレゼントも、大半のケースは相手を困らせるだけです。一時期、ホールケーキを部下や得意先に差し入れするのが、ちょっと流行したことがありました。しかし、誰かが切り分けたり食器を洗ったりする羽目になります。無神経だという批判が高まって下火になり、その後のコロナ禍もあって誰もやらなくなりました。

●善意の情報提供

「あの部長には気をつけたほうがいい」「彼女には悪い噂がある」といった善意の忠告は、たまに有益なこともありますが、たいていはまともに取り合うとケガをします。

SNSでデマを拡散したり、ワクチンがどうしたとか放射能がどうしたとか、トンデモ系の考え方を押し付けてきたりするのも、当人は善意からなのが厄介なところ。「救急隊員がコンビニで買い物をしていた」といった的外れな苦情を入れるのだって、善意と正義感がベースです。

●善意の気遣い

大きめの地震があるとその地域に住む疎遠な知人に電話をかけて様子を尋ねる、息子夫婦の家を訪ねてはおいしくない料理を大量に作り置きする、家族や恋人の机（本棚）を勝手に片付ける、子どもがいる女性の部下に「お子さんが待っているから、早く帰ったほうがいいよ」と言って仕事を取り上げる……。我が子が新しいことに挑戦しようとすると、「失敗しないように」と先回りして手や口を出してしまう親も、ここに入るでしょうか。いずれも、絵に描いたようなありがた迷惑です。

その善意は相手のためか？

とはいえ、善意そのものを否定する必要はありません。「相手の役に立ちたい」「誰かを助けたい」と思うことや、周囲の人や他人の善意を信じることは、とても大切です。ちょっと的外れでも、相手が自己満足を得ている気配を感じたとしても、実害がない限り大らかに受け止めたいところ。いちいちケチをつけていたら、誰もが批判を恐れて

「余計なことはするまい」と思う世の中になってしまいます。

その上で、自分に必要のない善意は、まともに受け止めずに聞き流したり、時には「気持ちはありがたいけど」とやんわり拒絶したりしましょう。無責任な善意に振り回される必要はありません。

さらに強く肝に銘じたいのが、自分自身の善意に対して疑いの目を向けること。マウントを取りたいだけではないのか、自分が気持ちよくなりたいだけではないのか、見返りを求めていないか、そもそもその善意は相手が望んでいることなのか……。しかも善意は、こちらの思いとは違う意味で伝わってしまうリスクもあります。

面倒ですが、それが善意という危険物を取り扱う上での責任。「善意なんだからつべこべ言うな」というスタンスは、相手に失礼なのはもちろん、身勝手で幼稚な甘えを許している点で自分自身にも失礼です。

善意はけっして悪いヤツではありません。適度に距離を取って、上手に付き合っていきましょう。

昭和の頃はＯＫだった狼藉

「宴席で後輩に『グラスがあいてないぞ』と暗に一気飲みを強要して、どんどんビールを注ぐ」

「サラダを取り分けた独身女性社員を『おっ、気が利くね。いいお嫁さんになれるよ』とホメる」

「同じミスを繰り返す部下に気合いを入れようと、机を叩きながら『いいかげんにしろ！』と叱責する」

「結婚披露宴のお祝いのスピーチで『次は一日も早いベイビーの誕生を』と、新郎新婦を激励する」

「新幹線や飛行機の中で、隣の席の人に『いいですか？』と許可を求めた上でタバコをくゆらせる」

お気づきのとおり、令和の時代、どの言動もＮＧです。

最後のタバコに関しては、即座に外に放り出されても文句は言えません。それ以外も、大問題に発展する可能性を十分に秘めています。少なくとも、相手や周囲から冷たい視線を向けられ、社会的な評価を大きく下げてしまうでしょう。

しかし、昭和の頃はどれもOKでした。むしろ「推奨される言動や所作」だったと言っても過言ではありません。今でも当時の感覚が体に染みついている人は、少なからずいます。「いいお嫁さんに」や「ベイビーの誕生を」あたりは、悪気なく繰り出されている場面を目撃することもあるでしょう。

このように「失礼の基準」や「マナーの正解」は、ほんの20年30年で大きく変わります。50代60代にとって「若い頃に当たり前だった昭和の常識」は、多くが「令和の非常識」になってしまいました。

とくに大きく変化したのが、セクハラを含む男女の関係や役割にまつわるあれこれと、パワハラを含む会社の人間関係や接し方にまつわるあれこれ。タバコやアルコール、暴力や暴言にまつわるあれこれも、昭和の感覚は通用しません。

「絶対的な正解」はない

あらためて振り返ってみると、私たちは最近まで、けっこうワイルドな世界で暮らしていたと言えるでしょう。もちろん、まだまだ問題は山積みだし、無神経な失礼に苦しめられるケースは多々あります。

そして、すべてがいい方向に変化したとは限りません。誰もが他人のあら探しや揚げ足取りに精を出す風潮の広がりと定着、SNSにおける陰口や誹謗中傷の隆盛、建前を取り繕う反動からくる本音の陰湿化など、形を変えたタチの悪い狼藉が幅を利かせています。私たちは知らず知らずのうちに、今の時代ならではの悪影響を受けているに違いありません。

現在の価値観には合わない過去の事例を持ち出してきて、後出しジャンケンで責めたり笑ったりするのは簡単です。しかし、それは過去に対する失礼な態度。無意味で不毛な行為でもあります。いつの時代の人たちも、その時代の価値観の中で「なるべく立派に生きよう」としてきたはず。戦国時代の武士を「男尊女卑の人殺し野郎」と非難するのは、ズルくてマヌケな所業です。

いっぽうで、昭和の時代は「そういうのは失礼」と眉をひそめられていたけれど、令和の今は「むしろそうすべし」とされている行動もあります。たとえば「誰かを見送ったときに、家のドアを閉めてすぐにカギをかける」という行為。

かつては、ドアを閉めた後ですぐにカギを「ガチャ」とかけてはいけないとされていました。相手が「そんなに早く帰ってほしかったのかな」と感じるからという理由。しばらく時間を置いてから施錠するのが、大人の気配りでした。

しかし、スキを狙って悪い人が侵入するかもしれません。そういう事件が実際に起きたこともあり、今では用心のために、即座にカギをかけることが推奨されるようになりました。音を立てないようにゆっくりロックを回すとか、大事なお客さんだったら外に出て見送るとか、そういった配慮はまた別の話です。

ただ、「すぐにカギをかけてもいい」という考え方は、十分に浸透しているわけではありません。少し前にもツイッター上で、宅配便の荷物を受け取った後、ドアを閉めてすぐカギをかけることの是非が議論になりました。長く宅配便の配達員をしているという人のコメントによると「気にしたことない」とか。

ネット上には「友達の部屋を出たら、すぐにロックされて気分が悪い」と怒っている声も、ちらほらあります。もっとも失礼なのは、自分の価値観に基づいて、勝手に怒っている側ですね。

マナーにせよ何にせよ、結局は「今の自分が正しいと思うこと」を信じるしかありません。それはあくまで「現時点での結論」であり、「絶対的な正解」ではないというのが前提です。一時期は環境問題の悪役にされていた割り箸も、「むしろ森林資源の有効活用」という認識が広がって、名誉と存在意義を回復しました。似たようなことは、今後もしばしば起きるでしょう。

考えなしの賛同では…

昨今「アップデート」という言葉が、便利に使われるようになりました。この項のテーマは、まさに時代に合わせて意識を「アップデート」する必要がありますよねという話です。しかし、個人的にこの言葉にはいい印象を持っていないので、なるべく使いたくありません。

そりゃ、自分自身も社会全体も変わり続けなければならないし、間違いは素直に認めたいところ。自分を成長させるための「アップデート」は、ひじょうに大切です。

しかし、実際にこの言葉が使われている場面では、違和感を覚えることも少なくありません。過去の価値観をよく考えないまま否定し、批判されないための建前として「今は正解とされている価値観」に無条件で賛同する――。残念ながら、内実は多くの場合そんなものです。

何かの拍子に「アップデートできていない人」というレッテルを貼られたら、全人格を否定され、何をどう主張しても耳を貸してもらえません。戦時中の「非国民」と同じで、気に入らない相手を罵倒するために使われることもあります。

お互いにビクビクしながら顔色を窺い合っている社会においては、非難されないために先回りして非難しまくる構図になりがち。やたら「アップデート」を連発したがる人は、自分が「イジメられっ子」の側にならないために、堂々と攻撃できる相手を探している……と言ったら言い過ぎでしょうか。言い過ぎですね、失礼いたしました。

時代ごとにマナーの形は変わっても、人間同士の足の引っ張り合いの構図みたいなものは、永遠に引き継がれてしまうようです。人間という生き物の根本を司るOS自体は、アップデートしようとしてもどうにもならないのかもしれません。

その「礼儀正しさ」は不快

「礼儀正しい人になること（礼儀正しい人と思われること）」は、私たちにとって人生の目標のひとつ。当研究所も失礼の正体をあぶり出しつつ、間接的に「礼儀正しさ」とは何かを追究しています。

この「礼儀正しさ」というヤツは、なかなかの曲者《くせもの》。穏やかそうに見せつつ、じつは意地悪で凶悪で危険な一面を持っています。

上司である課長に「このあいだの企画書、なかなかよかったよ」とホメられたとしましょう。嬉しさを押し隠して、渋い顔で「いえいえ、まだまだです」と謙虚に答えるのは、本人は礼儀正しいつもりでも、けっこう失礼。励ましを込めてホメてくれた上司の気持ちを踏みにじっているし、いい企画書だと思った判断にケチをつけていることにもなります。

同僚に「髪切ったんだね。似合ってるよ」とホメられたときも、つい「いやあ、切り過ぎちゃって」といった返しをしがち。これも、テレ臭いのはわかるのですが、ホメてくれた相手をガッカリさせます。しかも相手は、「そんなことないよ。バッチリだよ」などと、さらなるホメ言葉を繰り出さざるを得ません。

どちらのケースも、相手はこちらを喜ばせようとして言ってくれています。前者は「ありがとうございます。課長のご指導のおかげです」と感謝しつつ相手を持ち上げ、後者も「ありがとう。そう言ってもらえてホッとしたよ」と感謝と嬉しさを伝えましょう。それが、お互いが幸せな気持ちになれる、「礼儀正しさ」の有効活用です。

この項では、相手を不快にさせたり自分の株を下げたりなど、多くの危険をはらんだ「礼儀正しさ」について考えてみましょう。けっして、「これも失礼、あれも失礼」と〝失礼認定〟に精を出したいわけではありません。礼儀正しいつもりの行為が裏目に出かねないケースをチェックすることで、無自覚の失礼を避ける参考にしてもらえたら幸いです。

「逆に失礼」なケース

日夜「失礼」の事例を集めている当研究所の調査員たちが、こっそり心のメモに綴った「むしろ不快だったり迷惑だったりする礼儀正しさ」の例をあげてみましょう。

【借りを作りたくない一心で急いで過剰にお返しをする】

親切を受けたり、お土産をもらったりしたとき、相手に「借り」がある状態が耐え切れないのか、あわててお菓子などを買ってきてお返しをしたがる人がいます。本人は礼儀正しく振る舞ったと安心しているかもしれませんが、相手は「そんなつもりじゃなかったのに」と戸惑い、自分が悪いことをした気分にさせられるかも。好意をありがたく受けるのも、大事な「礼儀正しさ」です。

【せっかくホメられているのに謙遜しつつ否定する】

冒頭の例もこれに該当します。ホメ言葉に対する最大の返礼は、その言葉を喜ぶこと。テレるという喜びの表現もありますが、お礼のひと言は欠かせません。「とんでもない」「私なんて」と全力で謙遜するのは、相手の気遣いを無下に拒絶する態度です。ただし、下心丸出しのセクハラ風味なホメ言葉は、冷たい口調で「もう結構です」と返すなどして、丁重に拒絶しましょう。

【ホメるつもりで言った言葉がイヤミに響いてしまう】

的確にホメ言葉を繰り出せるのも、「礼儀正しさ」のひとつ。しかし、ホメたい気持ちがアダになるケースもあります。「私と違ってあなたは頭がいいから」「高学歴だと出世が早いね」「さすが大手はうらやましいなあ」といったセリフは、時と場合によってはイヤミに聞こえかねません。いや、たいていの場合はイヤミに聞こえますね。休日の過ごし方の話題などで、ホメようとして「意外な一面があるんですね」と言うのも危険。相手は「どんな人間だと思ってたんだ……」と不安になるでしょう。

【「大丈夫です」と遠慮して結果的に周囲に気を遣わせる】

やせ我慢をして、あくまで人に頼らないことが「礼儀」だと思っているのでしょうか。仕事が溜まっている状況を見かねた同僚に「手伝おうか」と手を差し伸べられても、「大丈夫です」と頑なに振り払う人がいます。「いっしょにお弁当買ってくるよ」と声をかけられても、「大丈夫です」と遠慮してお昼を食べそこなっていたり……。ひとりよがりな「礼儀正しさ」は、結果的に周囲に気を遣わせてしまいます。

【必要のない「すみません」は相手を悪者にしてしまう】

自分にミスや落ち度があったときに、「すみません」「申し訳ありません」と謝るのは当然です。しかし、自分の言葉を上司が勘違いしていて「そっか、A社じゃなくてB社の話だったね」と言っている場面で、反射的に「すみません」と謝るのはけっこう失礼。そんなつもりはなくても、謝られた上司は「理不尽に部下を責めている人」にされた気になるでしょう。「ありがとう」の代わりに「すみません」を言うのも、時に同じ危険をはらんでいます。

そのほか、オブラートに包み過ぎてどう対処していいかわからないお願いになったり、「心配している自分」や「悲しんでいる自分」をアピールしたくて、相手の気持ちや迷惑を顧みずに長々とどうでもいい話を続けたり……。「礼儀正しさ」は、ちょっと油断すると、さまざまな失礼を生んでしまいます。

いいほうに受け止めよう

とはいえ、人と人とのコミュニケーションにおいて、時に思いが食い違うのは仕方ありません。相手の発言に「あれ？」と違和感を覚えたとしても、悪気がなさそうなら、全力でいいほうに解釈しましょう。それこそが対人関係におけるもっとも大切な礼儀であり、無駄なストレスを抱えない生活の知恵です。

逆に、もっとも失礼で本人もきっとつらいのは、他人の発言や行動を「悪いほうに悪いほうに」受け止めること。そういう性分の人は、周囲に呪詛や負のオーラをまき散らすのも大好きです。もし周囲にいる場合は、表面的な礼儀正しさを駆使して、全力で遠ざけましょう。

そして、人並み以上に礼儀正しくて気遣いができるタイプの人が陥りがちなのが、「他人にも自分と同程度の礼儀正しさや気遣いを求めてしまう」という落とし穴。「礼儀正しさ」や気遣いなんて、本人が好きでやっていることです。相手が同じようにしてくれないからといって、怒ったり「なんて気が利かないヤツだ」と見下したりするのは、礼儀や気遣いのカケラもない態度に他なりません。勝手におせっかいを焼いておいて「こんなに親切にしてあげたのに」と腹を立てるパターンもあります。

策士は策に溺れるし、礼儀正しい人は礼儀正しさに溺れがちですね。

反射的に批判するという病

その昔、「テレビばかり見てるとバカになる」「マンガばかり読んでるとバカになる」という脅し文句がありました。実際はどうだったんでしょうか。今、私たちが直面しているのが「ネットやSNSばかり見てるとバカになる」という現象。

私たちの心を深刻に蝕んでいるのが、日々あちこちで大量に飛び交っている「批判」です。ネット上の「批判」の99％は、「イチャモン」や「あら探し」と言い換えても差し支えありません。

反射的に批判してしまう体質になっている方は、ここまでのふたつの段落を読んだだけで、何パターンもの批判を思いついているはず。

「ネットやSNSの利用者に対して失礼だ。謝罪しろ！」

「おかしいと思うことを批判して何が悪い。言論の自由だ！」

「バカになるというエビデンスを示せ！　99％の根拠を示せ！」

稚拙な例で恐縮ですが、たとえばこんな感じでしょうか。

悲しいことに私たちは、どうでもいい批判が飛び交う光景を見慣れてしまっています。冒頭のふたつの段落を読み返しても、単なるコラムの導入で、力を込めて批判してもらうほどのことは言っていません。しかし、批判の例を並べると「ありそうだな」と感じてしまいます。

「批判という病」におかされているのは、ネットニュースのコメント欄やSNSに精力的に書き込んでいる人だけではないのが、また厄介なところ。食べ物にハエがたかるような光景を通じて、誰もが常に「批判」を意識してしまいます。言い訳がましい書き方をしたり、発言や行動自体をやめてしまったり……。

社会に蔓延している「批判という病」は、人々の発想や行動を萎縮させ、意地の悪い見方を鍛えるなど、多くの悩ましくて失礼な症状を引き起こしています。

「さんぽセル事件」に学ぶ

少し前に、小学生が中心になって考案した「さんぽセル」という商品をめぐって、反射的な「批判」にひそむ愚かしさや醜さが浮き彫りになる出来事がありました。

2022年4月に発売された「さんぽセル」は、2本の棒でランドセルをキャリー化できるアイテム。中身が重くなりすぎたランドセルが、小学生を苦しめ、健康被害を及ぼしている現状を救うために開発されました。1年生でも約6kgの重さがあるランドセルが、体感で90%軽くなるとか。

ところが、発売を知らせる記事がヤフーニュースに掲載されると、大人たちから1000件を超える批判コメントが寄せられます。

「ランドセルには、後ろにこけたときに頭や背中を守る目的もある。これじゃそれは期待できない」

「楽をしていたら筋力が低下する。体も心も鍛えないと」

などなど。要は新しいチャレンジへのイチャモンであり、自分たちも使っていたランドセルの感情的な擁護であり、子どもが行動を起こすことへの狭量な拒否反応です。

素晴らしかったのは、子どもたちが批判にめげなかったこと。前者には「そもそもランドセルが重いから後ろに転ぶんじゃん!」、後者には「灯油缶(大人の体重に換算すると子どものランドセルに相当する重さ)を、いまも毎日背負ってる大人のひとがいうなら許します」などナイスな反論を返して、それがさらに大きな話題になりました。

小学生たちは、的外れな批判が集まった状況を「さんぽセル事件」と呼んでいるとか。

周囲の大人も知恵や手を貸しているでしょうけど、それは当たり前です。毅然とした反論が称賛を集めたことは、子どもたちにも周囲の大人たちにも、自信や勇気を与えたでしょう。

商品に改良の余地があったとしても、重すぎるランドセルを何とかしたいという意図を否定する必要はありません。小学生たちが苦しんでいる状況を変える気もないのに、したり顔でケチをつけるのは、かなりみっともない行為です。

新しいやり方が登場したときに、「ケシカラン!」と批判が集まる展開は、ネットが登場する前から無限に繰り返されてきました。洗濯機しかり、紙おむつしかり……。ネットやSNSの普及で、何か気に食わないことがあると、お手軽に批判をぶつけられるようになりました。そんな安直な批判が批判を呼んで負のオーラが巨大化し、世の中全体に恐怖心を広めています。

自分が偉くなった気に

なぜ、人は「反射的な批判」をしてしまうのか。もちろん、意味のある批判や必要な批判はたくさんあります(こんな自明なことをわざわざ書くのも、批判の影を恐れる癖がついている証拠ですね）。

たとえばさっきの「さんぽセル」にしても、その意義を評価してポジティブな言葉を贈るには、想像力や表現力が必要です。しかし批判なら、たいして頭を使う必要はありません。デメリットをあげつらったり、「今どきの子どもは」的に文句を言ったりすれば、あら不思議、たちまち自分が偉くなった気になれます。

「傷つく人がいたらどうするんだ」と仮想の被害者を想定して批判を繰り出すのも、よくあるパターン。勝手に代弁者になれば、さぞ自分にウットリできるでしょう。いったん「悪者」に認定された人への批判は、さらに簡単だし、仲間もたくさんいたりして、お手軽な気持ちよさに満ちあふれています。

いずれの批判にせよ、精を出している人の自己イメージとは裏腹に、傍目には「かわいそうなヤツ」という印象しか与えません。「バッシングではなく、批判という建設的な行為をしているんだ」と言い張りたいのでしょうけど、受け取る側にしてみたら同じようなもの。いいことをしている気でいる分、なおさらタチが悪いとも言えます。

ある研究によると、他人にネガティブな感情を抱いたり暴言を吐いたりすると、自分の脳がダメージを受けてしまうとか。殺伐とした言葉を投げつけまくるのは、自傷行為の一種という説もあります。

そして目をそらしてはいけないのが、このコラムも含めて「さんぽセル批判」を批判している側も、同じ穴のムジナかもしれないということ。わかりやすい「悪者」を責める気持ちよさだけを味わって、我が身を顧みる気がまったくないとしたら、やっていることは似たり寄ったりです。ああ、恐ろしきかな批判という甘い蜜。

「批判という病」は、現代においては誰もが抱えている持病です。何かを批判したくなったら、自分の胸に手を当てて考え直してみるなど、悪化させない生活習慣を心がけましょう（反射的に「病気に例えるなんてケシカラン！」と思った方もいるでしょうか。わかりやすい批判ポイントをあえて織り込んでみました）。

失礼被害を最小限に抑える

人は生きていると、いきなり雨に降られてずぶ濡れになったり、乗っている電車が停まったりすることがあります。それは避けようがありません。失礼も同じ。人は生きていると、必ず失礼な目に遭います。

失礼との付き合いにおいては、自分が失礼な言動をしないことと同時に、「失礼被害」を最小限に抑えることも大切。小さな失礼が自分の中で大きく育って、凶暴な失礼に変貌するケースはよくあります。

雨に備えて傘を持つように、失礼被害が拡大しがちなパターンをあらかじめチェックしておきましょう。

その1「疲れている」

先輩に「○○大卒のくせに、こんなことも知らないのか」と嫌味を言われたとします。「ああ、またか」と流すのも激しく腹を立てるのも、結局は自分次第。ただ、疲れていると怒りや恨みが無駄にふくらみます。

その2「気にしていることを指摘される」

「目が大きい」「方言がかわいい」など、相手はホメるつもりで言ってくれたとします。しかし、自分が気にしていることだった場合は、バカにされたと感じてしまうかも。

その3「古い価値観の呪縛にからめとられている」

義母に「1歳から保育園だなんて子どもがかわいそう」と言われました。「勝手に言ってろ」という話ですが、自分の中に「本当は母親が面倒を見るべきだ」という呪縛があると、激しく落ち込んだり義母の言葉を引きずったりしそうです。

その4「虫の居所が悪い」

いつもならスルーできるどうってことない失礼でも、虫の居所が悪いと、相手の非をクローズアップして腹を立てたくなります。

その5「じつは自分が失礼」

上司に書類や仕事の進め方の間違いを指摘されたとします。半端なプライドが傷ついて非を認めたくないが故に、上司の言い方や仕事の教え方の問題点を探し出して、相手を悪者にする——。失礼なのは明らかに自分です。

「失礼」への心がまえ

怒りを爆発させることがカッコイイと思っている人や、相手の落ち度を責めるのが好きな人にとって、「失礼被害を抑えよう」という提言はケシカランかもしれません。「悪いのは相手なんだから、こちらが変わる必要はない」「我慢しろということなのか」

こういう勇ましい言い方は、傍目には痛快です。ただ、やたら戦いたがる姿勢は、本当の強さではありません。失礼に対しては、果敢にしたたかに立ち向かいたいところ。次の5つの心がまえが役に立ってくれます。

その1「心の中で相手を見下す」

平気で失礼な言動をしてくる人は、こちらの気持ちへの想像力が足りなかったり、どういうことを言ってはいけないかという当たり前の知識がなかったりします。こっそり「かわいそうな人」「残念な人」と見下してしまいましょう。

その2「異世界の生き物だと思う」

価値観や常識は人それぞれだし、自分の側が「正しい」とは限りません。引っ越す話をして、真っ先に家賃や購入価格を聞かれても、「この人は異世界に生きてるんだ」と違いを面白がれば、不愉快になる必要はなくなります。

会うたびに「早く孫の顔を」と言ってくる義父母も、そういう価値観の世界に生きているので仕方ありません。「ほかに話すことがない」という切ない事情もあります。

その3「相手が失礼なことを言ってくるセコイ理由を見抜く」

マウントを取りたいのか、コンプレックスをぶつけてきているのか、相手側の事情で失礼被害に遭うこともあります。失礼の背後のセコイ理由を見抜けば、憐れみの感情で怒りを押し流せるはず。うっかり反撃したら、同じ土俵に乗ることになります。

その4「相手の性格や考え方を変えようと思わない」

右のようなシンプルな構図ではなく、いくら考えても「なぜそういうことを言うのか」が理解できないことも。その場合は「そういう性格なんだな」で片づけましょう。「どうしてそんな性格なのか」と考える必要はないし、まして「さりげないアドバイス」などで性格や考え方を変えようとしても、間違いなく徒労に終わります。そもそもそんな義理はありません。

その5「心の距離を取る」

失礼な言動であなたを不愉快にする人は、あなたの人生に必要ない人です。上司や同僚の場合は、表面上は無難に接するにしても、心の中で壁を作って距離をおいても何の問題もありません。友人知人だったら、早めに縁を切りましょう。「失礼な人からどう思われたって関係ない」という開き直りも大事です。

もうひとつ大事なのが「自分を責めない」ということ。失礼の加害者は「はっきり嫌だと言わないからいけないんだ」「そういう態度（キャラ）だから言われるんだ」と、失礼被害の原因を押しつけてきます。真に受けて自分を責めたら、相手の思うつぼ。こっちはカケラも責任を感じる必要はありません。

大人の「失礼撃退法」

「大人の対応」とは、自分の気持ちを無理に抑え付けることではありません。イライラをため込まず、自分が「楽」になれる方法を選び取ることです。「言い返したほうが楽」という場面もあるでしょう。

ただ、ケンカを売る必要はありません。次の5例のようなソフトな「反撃フレーズ」で十分です。

「なるほど、近ごろの若者は△△なんですね」（オウム返し）

↓「近ごろの若者は」「女性は」と決めつけてきた場合は、オウム返しがおすすめ。相手は、自分がマズイことを言ったと気づくでしょう。

「令和の時代に、そういうセリフが聞けてなんだか嬉しいです」

↓あまりにも時代錯誤なことを言われたときに。ただ、相手は素直にホメられたと受け取って、鼻高々になる可能性が無きにしも非ず。

「はあ、なるほど。○○さんは、そういうお考えなんですね」

↓結婚や出産など、デリケートなことにズケズケ口出しされた場合などに。ここで「ごめん。余計なこと言っちゃったね」と謝ってくるならまだ救いがあります。ま、そうできる人は最初から言ってきませんね。

「お前、きっといつか刺されるよ」

↓「デリカシーのないことを言えるオレ、面白い」と思ってるヤツに。

「さすがに失礼じゃないですか」

↓あんまりな場合は、このセリフの出番。失礼な人は鈍感なので、たいしてダメージは受けません。


いざ、あの手この手で、次々と迫りくる失礼を蹴散らしましょう。

失礼な発言の源流をたどる

「自分は誰に対しても、失礼なことは絶対に言わない！」

そう言い切れるのは、根っからのウソつきか極端に鈍感な人だけです。私たちは生きている限り、失礼な言動と無縁ではいられません。

だからこそ、「なるべく失礼じゃない人」を目指したいところ。それは世間様からの非難が怖いからではなく（それもちょっとありますけど）、何より自分自身が日々を気持ちよく生きていくためです。

本書では小さな失礼から大きな失礼まで、多種多様な失礼を考えてきました。なぜ人は失礼な発言をしてしまうのか。しめくくりとして失礼を元から断つべく、その源流をたどってみます。

失礼な言葉の多くは、ぜんぜん悪気はなく、むしろよかれと思って発せられます。それが失礼の怖いところ。本書の内容をあらためてふり返りつつ、「失礼がコンコンと湧き出す5つの泉」に注目してみましょう。

1の泉【昔ながらの価値観】

昔と今とでは、「正解」も「常識」も大違い。昔ながらの価値観に疑いを抱かずに発せられる言葉は、失礼をまといがちです。

2の泉【マウンティング】

「自分のほうが詳しい」「自分のほうが頭がいい」など、人は悲しいことに、何かというと自分の優位を示そうとする習性を持っています。

3の泉【コンプレックス】

他人と自分を比較してしまうのは、人間のサガ。かなわないと感じると、悔しさや嫉妬心が失礼な言葉を言わせてしまいます。

4の泉【無知や誤解】

相手の立場や状況に対する無知や誤解に基づいた決めつけは、失礼のモト。「自分はわかっている」と言える人が、もっとも危険です。

5の泉【デリカシーの欠如】

気遣いがなかったり、言っていいことといけないことの分別がついていなかったり、余計なお世話だったり、多くの種類があります。

自分の常識を疑う

厄介なのは、どの泉から湧き出る水も極めて甘露だということ。それぞれ実例を挙げつつ、誘惑に打ち勝つ方法を考えてみましょう。

1の泉の「昔ながらの価値観」は、自分の知識や経験が「正義」という前提で、それを振りかざす気持ちよさを味わわせてくれます。

「おっ、気が利くね。いいお嫁さんになれるよ」

「飲みニケーションもできないようじゃ、社会人失格だな」

こうした発言をしないためには、日頃から「自分の常識」を疑う癖をつけましょう。常識に関する「トレンド」を日頃からチェックしておくことも大切です。とはいえ、今の常識を手放しで受け入れるのも、それはそれで痛々しいですけど。

2の泉の「マウンティング」は、はた目には見え見えですが本人は無自覚です。それだけに、日常生活のあらゆる場面でやらかしがち。

「この店もおいしいけど、私がパリで行ったビストロは……」

「ごめん、地上波は見ないから、最近のドラマはわからないや」

漏れ出てしまう対抗意識を抑えつけるには、口に出す前に「これマウンティングかな?」と自問しましょう。誰かが自分や第三者に言った自慢気なセリフに対して、心の中で「あっ、マウンティングだ」とツッコミを入れるのも有効です。

3の泉の「コンプレックス」は、直視するには勇気が必要。そのせいか自分の中の怒りやイライラに、別の理由をひねり出しがちです。

「やっぱり帰国子女だと、四季の移ろいを楽しむ感性はないよね」

「ダメ出しばっかりしやがって。だから老害は嫌なんだ」

自分が勝てそうな要素(根拠はゼロ)を探してきたり、レッテルを貼って溜飲を下げたり。イヤミや悪態の多くは、コンプレックスが生みの親です。自分はどんなことにコンプレックスを抱きがちなのか、傾向を分析して自分を戒めましょう。

4の泉の「無知や誤解」は、本人は自分が知っている範囲の世界しか見えていないので、仮に指摘されてもなかなかピンときません。

「へー、花粉症だったんだ。こっちにうつさないでね」

「満員電車で痴漢に遭うのは、本人にもスキがあるからだと思うな」

まずは「自分は無知である」「自分の理理解や解釈は間違いだらけだ」という前提から

出発しましょう。その上で、「どういうこと？　教えて」「ごめん、誤解してた」と、サラッと言えるようになりたいものです。

5の泉の「デリカシーの欠如」は、結局のところ、相手の気持ちや状況への想像力がなく、相手との関係性にも無頓着なことが原因。

「そっか、死んじゃったんだ。また新しいワンちゃんを飼えばいいじゃない」

「悪いことは言わないから、もうひとり産んでおいたほうがいいわよ」

口に出す前に「言われたらどう思うか」「自分が言っていいことか」と自問することで、ある程度は防げるでしょう。好奇心や親切心を言い訳にするのは卑怯です。

時には「失礼」になろう

ここまでさんざん「失礼」を批判し、どうすれば減らせるかを念入りに提案してきました。最後の最後に言いたいのは、

「時には失礼になろう」

ということ。「良薬は口に苦し」と言いますが、失礼には人間関係における「良薬」の一面があります。

「失礼なことを言ってはいけない」

「失礼なことを言われたくない」

そんな思いで頭をいっぱいにしていたら、他人に対して及び腰な接し方しかできなくなり、濃い人間関係なんて永遠に築けません。

思い切って失礼な質問やキツめの冗談を繰り出したり、こっちも失礼なツッコミを受けたりすることで、相手との距離が縮まります。ムッとされることもあれば、小さく傷つくこともありますけど、ま、たいしたことではありません。

人間は完璧ではないし、人間関係に見込み違いや勘違いは付きもの。些細な失礼に目を吊り上げたり、いつまでも根に持ったりすることこそが、相手と自分に対するいちばんの失礼です。お互いに多少の失礼は笑って許し合いましょう。悪意のある失礼や度を越した失礼に見舞われた場合は、また別ですけど。

失礼を研究する最大の目的は、他人の失礼に寛容になるため。敬語の知識にしたって、あら探しではなく、心地よい人間関係を築くために活用してこそ真価を発揮します。

失礼を研究する旅に終わりはありません。これからも、ともに模索し続けていきましょう。またどこかでお会いできる機会を楽しみにしつつ、ひとまず失礼いたします。

石原壮一郎　1963（昭和38）年三重県生まれ。コラムニスト。93年『大人養成講座』でデビュー。『大人力検定』『大人の言葉の選び方』『無理をしない快感』等著書多数。

Ⓢ新潮新書

998

失礼《しつれい》な一言《ひとこと》

著　者　石原壮一郎《いしはらそういちろう》

2023年5月20日　発行

発行者　佐　藤　隆　信

発行所　株式会社 新潮社

〒162-8711　東京都新宿区矢来町71番地
編集部(03)3266-5430　読者係(03)3266-5111
https://www.shinchosha.co.jp
装幀　新潮社装幀室

印刷所　大日本印刷株式会社

製本所　加藤製本株式会社

ISBN978-4-10-610998-0　C0236

価格はカバーに表示してあります。